우리의
환경 딜레마

우리의 환경딜레마

환경과 생활
그리고 사회 경제

정진우 지음

맑은샘

우리는 '현재 세대: 제6의 대멸종'이라는 침몰하는 배(이 책의 '환경의 위기가 아닌 인류의 위기'에서 설명하는 이유로 이 배는 '지구의 위기'가 아닌 '환경으로 인한 위기'이다)를 타고 있다. 이 배가 침몰하고 있다는 사실은 모두가 알고 있지만 정작 신경 쓰고 대응하는 이는 많지 않다. 기울어지고 있는 배의 복원가능점이 어디인지 정말 많은 전문가들이 이야기하기도 했다. 기울어짐이 빨라지고 있고 복원가능점까지 얼마 남지 않았다는 말도 함께… 배 안에서 배가 기울어진 것을 모를 수가 없지만 사람들은 마치 큰 문제가 아닌 것처럼 평소 살아가고 있다. 그러다 기울어진 배에서 물건들이 떨어지기 시작하고 넘어져 사람들이 다치기도 하지만, 대부분의 사람들은 '기울어져서 문제가 심각하네'라고 생각하고는 정작 배를 복구시키는 것과 상관없는 기존의 생활로 돌아간다.

배가 완전히 침몰하기 전이지만 물이 들어오는 곳에서 가까운 곳의 사람들은 자신들의 선실과 몸이 온통 물에 젖어 다른 이들의 선실로 옮길 수밖에 없다. 그리고 배의 아래쪽에 위치한 사람들은 차오르는 물에 의해 가장 먼저 침수로 인한 피해를 입기 시작한다. 사람들이 침몰을 막기 위한 조치를 하지 않은 채 시간이 지나고, 배는 가라앉을 수밖에 없는 복원가능점을 넘긴다. 많은 사람들이 목숨을 잃는 아비규환의 시간이 지나고 배가 완전히 침몰했을 때, 구명보트에 탄 사람들과 조끼를 입어 살아남은 사람들은 배가 물 밑으로 사라진 후에도 어느 정도 살아갈 수 있을 것이다. 하지만 그 어느 정도는 그들이 가진 식량과 물이 떨어질 때까지만이다. 더 이상 식량을 생산할 배가 없기 때문에 살기 위해 가진 것만 제한적으로 소모하다가 모두가 절망적인 순간에 처하게 되는 것이다.

위의 이야기는 현재 우리의 환경위기(이 책에서 환경위기는 환경으로 인한 우리의 위기이지 환경 자체의 위기가 아니다)를 침몰하는 배에 빗대어 이야기를 한 것이다. 기울어진 배에서는 불편하지만 사람들이 살아갈 수 있다. 그러나 배가 더 기울어질수록 오르막과 내리막이 되어버린 선내를 돌아다니기 불편한 사람들은 힘이 없는 어린아이나 노약자들일 것이다. 그런 일은 없길 바라지만 우리가 정말 위기에 둔해진다면 45도가 넘는 기울기에도 선실 벽을 바닥 삼아 평소처럼 생활을 할지도 모른다. 물이 들어오는 구멍에 가까운 사람들과 배의 아래쪽에 사는 사람들이 물이 새는 배에서는 가장 먼저 피해를 입듯 환경은 현대 사회의 기술과 자본을 가지지 못한 사회 구조의 하위에 있는 사람들에게 가장 먼저 피해를 준다.

자신이 탄 배가 침몰하고 있다는 사실을 안다면 마음 편히 있을 수 있는 사람은 없을 것이다. 다만 배가 작을수록 침몰하는 문제가 눈에 쉽게 들어와 몸에 와닿는 반면, 지구에 사는 우리에게 환경이라는 배는 그 어떤 배보다 크기 때문에 그 위기감이 다른 것과 비교할 수 없을 만큼 한없이 작아지는 것이 아닌가 생각한다. 거기에 더해 우리에게 물질이 주는 즐거움과 풍요로움이 더 가까우며 위기를 아주 쉽게 잊게 자극하기 때문이지 않을까.

　일상에서 볼 수 있는 물질의 풍요로움을 나 또한 좇을 때가 있고 그럴 때마다 내 안에서 나를 괴롭히는 무언가가 있다. 성격이 꼬여 그런 건지 풍요로움을 즐기려 할 때마다 비판적인 감정이 들며, 매우 중요한 우리의 환경을 가시 돋친 채찍으로 내리쳐 괴롭히는 듯한 느낌이 자주 들기는 한다. 그 채찍질을 당하는 것은 내가 아니니 내가 당장 아픈 것이 아닌데도, 피부 밑으로 스멀스멀 뭔가 불편함과 거부감이 드는 그런 것 이었다.

　일상생활 곳곳에서 드는 그런 느낌들이 자꾸 내 감정에 파고들어 자꾸만 나를 불편하게 하는 상태로 시간이 꽤 지났다. 그러다 문득 잊을 만하면 항상 찾아오는 그 느낌들을 달래보려는 방법으로 메모를 만들기 시작했다. 환경을 위해 정말 적극적인 방법으로 살고 있다고 자신 있게 말할 수 없는 내 자신이지만서도, 그래도 내가 느꼈던 것들을 더 많은 사람들에게 전해 줄 수 있다면 환경위기를 막는 데 더 도움이 될 수 있지 않을까 하는 생각이 들었다. 좋아서 시작한 환경 공부를, 대단하진 않지만 내가 알게 되었던 것들을 통해, 환경으로 피해 입는 사회의 약자들이 조금이라도 더 보호가 된다면, 그리고 우리 모두가 지금보다 조금이라도 더 나아질 수 있다면 나쁜 일은 결코 아니지 하는 생각으로 메모들을 가지고 내 인생 처음으로 책을 쓰기 시작했다.

훌륭한 사람들이 많은 경험과 자료조사를 이용하여 환경위기에 대해 쓴 책들이 많다. 그 사람들이 잘 만들어 놓은 책보다 자료 면에서 책을 더 잘 만들기도 쉽지 않거니와 내가 하고 싶은 얘기에서는 딱딱한 숫자들을 많이 사용하고 싶지 않다. 그저 그 사람들이 얘기하지 않은 부분에 대해 조금이라도 더 알려주는 게 더 도움이 되기에 내가 할 수 있는 이야기를 정말 필요한 숫자만 보여주며 하기로 했다. 그래서 숫자가 필요할 수도 있는 부분도 자료를 찾아 증명하기보다 가능하면 추세적 관점에서 이야기를 끌어나갔다. 그 부분이 대다수의 사람들에게도 쉽게 다가갈 수 있을 거라 생각했다.

혹시 내 책을 보다가 여러 수치가 모자라게 느껴지거나 책을 다 읽고 환경위기에 대해 수치들로 더 알고 싶은 독자분들이 계시다면 그 수치들을 어렵지 않게 인터넷에서 찾아볼 수 있을 것이다. 환경 관련 숫자들을 많이 보고 싶다면 마크 라이너스의 『최종 경고 6도의 멸종』이란 책의 첫 챕터만 읽어도 꽤 도움이 될 듯하다. 난 내 석사

졸업 논문에도 참고 문헌이 100개가 넘지 않았던 것 같은데 그 책의 저자인 마크 라이너스는 챕터마다 참고문헌이 100개씩은 그냥 훌쩍 넘으며 한글 번역 책 기준으로 참고문헌 목록 페이지만 50페이지가 넘는다.

우리의 주변에 환경위기를 얘기하는 책들은 생각보다 많다. 다만 그런 책들이 베스트 셀러 목록에는 잘 올라오지 않는 게 개인적으로 서글플 뿐이다. 내가 지금 쓰는 이 책은 내 돈 들여 만들고 있는데, 당연히 베스트 셀러 목록은 고사하고 책이 무슨 큰 돈이 될 리도 없으니 크게 이익 볼 생각도 언감생심 하지 않고 있다. 그저 더 많은 사람들이 이 책을 읽고 환경이 좋아지는 데 도움 됐으면 하는 바람이 훨씬 크다. 대학교 때 학기말 시험 보고 강의실 나오면 얼마 안 되어 시험 내용은 다 잊어버리는 스타일이었는데 탈고하고 출판이 되고 나면 사람들이 많이 보는지(책이 많이 팔리는 지가 아닌) 외에는 책 내용들도 잊어버릴 것만 같다. 그래도 사람들이 책을 많이 봤으면 하는 건 개인적으로 더운 걸 정말 힘들어해서 환경이 좋아져 더워지지 않는 게 나에게도 중요해서 그렇다.

메모를 하고, 메모를 글로 만들고, 글을 책으로 만드는 과정에서 책을 못 쓸 뻔도 했고, 책을 쓰려고 관둔 것은 아니지만 어쩌다 보니 다니던 직장을 관둔 김에 책을 쓰게 되었다. 일을 하면서 책을 낼 만큼 생활을 조절하는 철두철미하고 부지런한 성격은 아니었나 보다.

그래도 글 재주가 없어 내 인생에 적지 않은 시간을 들인 결과물인 만큼 돈 안 되는 일을 하는, 환경을 위해 애쓰시는 모든 분들의 상황이 조금 더 나이지고, 지구 상 모두를 위한 환경이 조금이라도 나아질 수 있게 한 명이라도 더 많은 사람이 환경에 관심 갖게 되고, 그로 인해 환경위기에 눈곱만큼이라도 도움이 된다면 고생 아닌 고생을 한 데 대한 보람을 느낄 수 있을 것 같다.

4. 에너지와 자원

5. 환경과 경제, 생활

6. 환경에 대한 나의 생각 🌱

폭염증가에 더하여 강수량과 강우 패턴의 변화로 생물이 살아가는 데 필수인 물 자원의 양과 공급시기가 변화하게 되고, 여러 식물과 작물의 재배 환경이 불가피하게 변할 것이다. 더위로 인해 입는 옷의 형태가 바뀔 것이며, 더위를 피하기 위해 집의 형태나 기능이 바뀔 것이다.

· · ·

슬프지만 먹고 사는 문제가 목전이라 환경에 관심 없는 사람들도 이제는 움직여야 할 때이다.

기후변화
- 우리가 마주하는 현재의 환경

강수량과 기온 변화 · 우리의 생활

①
기후변화 -
우리가 마주하는 현재의 환경

강수량과 기온 변화

그냥… 어떤 중요한 자료를 만들어 보겠다는 마음이 아니라 온도 변화가 얼마나 일어났나 하는 궁금증에서 우리나라에서 가장 사람이 많이 사는 곳인 서울의 연평균 기온과 강수량을 오픈소스인 기상청으로부터 다운받았다. 받은 자료를 별 생각 없이 1980년부터 2019년까지 40년, 1990년부터 30년, 2000년부터 20년, 그리고 2010년부터 10년 동안의 기간으로 그래프를 그리고 간단한 추세선을 적용시켜보았다. 연평균 온도 그래프의 추세선 기울기는 모두 양수이고, 강수량은 모두 음수로 나왔다. 40년 동안 기온은 증가했고 내리는 비의 양은 점점 줄었으며 환경에 대한 현 상황을 고려해 봤을 때 앞으로도 이 증감세는 지속될 것으로 보였다.

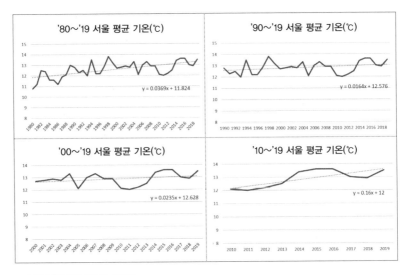

• 서울 평균기온 1980~2019

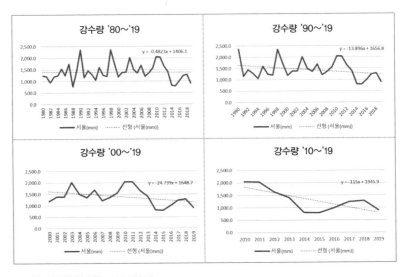

• 서울 연평균 강수량 1980~2019

통계학 공부라고는 대학교 때 수업을 하나 들은 게 전부지만 엑셀이라는 프로그램을 이용하여 호기심에 대충 그려보았다. 엑셀 프로그램만 조금 사용할 줄 안다면 자료 수집부터 엑셀 작업까지 누구든 몇 시간 안 되어 그려볼 수 있을 정도의 자료수집과 작업이다. 특별한 발견을 한 것도 아니고, 기발한 방법으로 자료를 분석한 것도 아니다. 태양활동과 달의 주기부터 해수순환, 화산활동 등 다양하고 광범위한 지구 내외의 활동들이 영향을 미치는 기후학 관점에서 보았을 때 서울만 한 도시 지역의 40년 기간은 그리 큰 의미를 가지지도 못할 것이다.

오히려 40, 30, 20, 10년이라는 기간을 현재 기점만을 기준으로 작성했기 때문에 어떤 의미에서는 결과의 해석에 문제가 있을 수도 있다. 우리나라의 인구 절반 정도가 모여 사는 수도권의 기상 자료 분류 중에서도 두 가지만 골라 선으로 나타낸 것뿐이다. 2,500만명 정도의 인구가 이 자료의 직간접적인 영향권 아래에 생활한다. 그렇기 때문에 이 자료를 통해, 적어도 우리나라에서는, 기후변화가 우리의 생활에 미치는 영향에 대해 더 많은 사람들이 더 직접적으로 받아들일 수 있을 거라 생각한다.

지구온난화에 의한 온도의 변화는 극지방이 가장 심하다. 그런데 자료가 사용된 서울의 위도는 적도에서 극지방으로 절반도 올라가지 못한 37도 정도이다. 기후에 영향을 주는 인자는 너무나 다양하기 때문에 극지방도 아닌 지역이 보여주는 온도의 증가율이 의심스러울 수도 있다. 자신이 사는 지역의 온도 자료를 통계청이나 기상청에서 받아 엑셀이든 뭐든 그래프를 만들어보자. 30년 기간 이상의 자료에 감소 기울기가 나오는 지역이 있다면 알고 싶다. 더운 날씨에 약한 나는 그 지역으로의 이주를 진지하게 생각해볼 것이다.

어쨌든 서울은 40년 동안의 그래프를 기준으로 10년이면 섭씨 0.36도, 10년 그래프 기준으로는 10년간 1.6도의 온도가 증가하는 추세가 그려졌다. 앞에서도 얘기했지만 그래프는 서울만의 것이다. 세계의 평균기온 상승 정도를 의미하는 것이 아님에도 나에게 이것이 의미하는 바는 서울의 기온상승이 매우 빠르며 상승의 가속도를 의미하는 상승률은 빨라지고 있다는 것이다.

산업혁명 이후 지구의 온도는 섭씨 1도 이상 증가했다. 대략적으로 계산하면 산업혁명 이후 지구는 10년에 평균 0.07도 정도가 증가한 것이다. 환경에 대한 관심이 높아지는 요즘, 누군가는 기온이 1960년 이후 급격히 올랐으니 1960년부터의 온도 상승률을 계산해야 한다고 할지도 모른다. 많이 양보해서 섭씨 1도 이상의 증가가 1960년 이후에 모두 이루어졌다고 해도 10년에 0.2도 증가한 정도이다. 1960년 이후 급격한 상승만을 고려한다고 해도 서울의 최근 10년간의 온도 상승은 매우 급격한 온도변화이다. 적게는 우리나라 인구의 5분의 1, 많게는 2분의 1이 거주하는 것으로 볼 수 있는 지역의 기후 변화 추세가 이렇다. 이 사실을 온전히 받아들인 정상적인 반응이라면 더 많은 사람을 피해로부터 보호하기 위해 지금보다 더한, 그리고 지금까지 볼 수 없었던 위기의 경종을 울렸어야 했다.

인생에서 봤을 때 10년은 아기가 초등학교 고학년이 되고 초등학생은 대학생, 서른 살의 어른은 마흔 살, 예순 살의 노인은 일흔 살이 되는 기간이다. 길다면 길고 짧다면 짧은 시간인데 이 10년이라는 기간 동안 일반적으로 우리의 인생이 끝나지는 않는다. 오히려 날씨에 대해 인지가 시작되고 대부분의 사람이 죽기 전까지 보통 5번 이상은 반복하는 시간의 길이다. 우리는 이 시간의 길이 안에서 이전 10년의 구간에서는 겪어보지 못한 날씨를 자꾸 경험하게 될 것이다. 이대로라면 태어나서 개인당 죽기 전까지 적어도 5번의 환경적 뉴노멀을 겪을 거라는 이야기다. 그리고 서울의 데이터에서는 역설적으로 강수량이 줄어들지만 우리에게는 비가 많이 내리는 것 같은 폭우, 폭염 등이 그 경험의 많은 부분을 차지하게 될 것이다.

우리의 생활

　이러한 경험은 날씨가 변하는 것을 넘어 기후가 변하는 상황이다. 다시 말해 환경이 급변하는 것이다. 증가하는 폭염만으로도 생물학에서 종의 하나일 뿐인 사람, 특히 노인과 어린이 및 열에 취약한 특정 일반인 등의 건강에 악영향을 미친다. 폭염증가에 더하여 강수량과 강우패턴의 변화로 생물이 살아가는 데 필수인 물 자원의 양과 공급시기가 변화하게 되고, 여러 식물과 작물의 재배 환경이 불가피하게 변할 것이다. 더위로 인해 입는 옷의 형태가 바뀔 것이며, 더위를 피하기 위해 집의 형태나 기능이 바뀔 것이다.

　우리나라처럼 경제선진국인 국가에서는 타 지역 음식 조달을 경제력으로 보조할 수 있기 때문에 식재료를 구입할 의사만 있다면 가격 상승을 무시하고 식생활은 쉽게 변하지 않을 수 있다. 반대로 얘기하면 모두가 식량문제에서 자유로운 것은 아니라는 말이다. 지구온난화와 기후변화는 경제적으로 약하거나, 구조적으로 관개시설 및 다른 농업 기반시설을 이용할 수 없는 지역과 국가에게 더 혹독하게 다가온다. 변화를 피할 수 없는 지역들을 시작으로 결국 '의', '식', '주' 전부가 현재 바뀌고 있거나, 현재 기후변화 속도로는 우리의 다음 10년을 겪기도 전에 바뀔 것이다. 실제로 지구 전체 인구에 비하면 소수일지 모르지만 해수면 상승으로 태평양의 섬나라 인구들은 이미 이주를 했고, 해안가에 위치한 많은 세계의 대도시 중 해수면 상승에 의한 침수로 피해를 입는 곳은 점점 늘어나고 있다.

단기적인 관점에서 의식주의 변화는 개인 지출 부분에 있어 크게 다가오지 않을 수 있다. 날씨는 무슨 옷을 입을지를 결정하고 기후는 무슨 옷을 살지를 결정하게 한다는 말이 있다. 보통 옷은 정기적으로 필요에 따라 그리고 기호에 따라 구매한다. 다만 온난화가 진행되어 갈수록 얇은 옷, 일반적으로 구매에 비용이 적게 드는 의류가 장기적으로 많아지며 옷 한 벌 구매에 드는 평균 비용은 감소하지 않을까 개인적으로 예상한다.

집은 형태가 변화한다 하더라도 한 번의 구매로 비교적 긴 시간 동안 사용하기에 단기적인 비용에 잘 포함되지 않는다. 잘 바뀌지 않는 주거라는 분야의 성격을 감안하더라도 우리나라 주거 형식의 변화 원인으로 가능한 예를 들어볼 수 있다. 서울의 강우 패턴에서 볼 수 있는 것처럼 감소하는 강우량에도 불구하고 뉴스에서 쉽게 접할 수 있는 증가하는 집중호우의 강도와 빈도가 그것인데 이것은 아열대화 하는 한반도의 기후가 주 원인이 된다. 아열대화 현상은 기본적으로 기온의 상승을 의미한다. 집중호우가 증가하기 때문에 아열대화가 되는 것인지 아열대화가 되기 때문에 집중호우가 증가하는 것인지는 여기에서는 중요하지 않다.

어쨌든 한번에 땅으로 떨어지는 물의 더 많은 양을 처리하기 위해 건물과 우수관 등의 사회 기반 시설의 변화가 필요하게 될 것이다. 또한 습하고 더워지는 날씨는 남향으로 되어 볕이 잘 들게 하는 집 구조에 대한 인식을 재고하게 만들기에 충분하다는 것이다.

식량에 관해서 선진국 반열에 올라 있는 우리나라 사람들의 음식에 대한 선택은 아직까지 기후보다는 문화의 영향을 더 받는 것 같다. 한 송이에 몇 만원을 하던 샤인머스캣이라는 포도와 납작복숭아와 같이 재배가 어려워 가격이 높은 과일 등이 유행했던 점이 이 사실을 뒷받침한다. 다만 기후가 변화함에 따라 함께 변화하는 기온 및 강우의 형태를 각종 시설 등으로 대처할 수 없는 국가와 지역들에서는 농작물 피해를 피할 수 없을 것이며, 그에 따라 우리나라와 같이 경제적으로 앞선 나라라고 하더라도 전 세계 식량 생산구조가 변화함에 따라 소비형태 또한 변화할 가능성이 높을 것이다.

환경의 변화들은 의식주를 포함한 우리 생활 전반 곳곳에 영향을 미친다. 미시적으로는 음식의 가격변동(주로 증가)으로부터 시작하여, 국지성 호우를 대비하기 위한 사회비용, 비가 내리지 않는 기간이 길어질 경우와 집중호우를 대비해야 하는 치수 관련 인프라 비용이 있다. 그리고 거시적으로 공공, 사유 시설을 가리지 않는 폭우로 인한 피해, 폭염에 노출되어 발생하는 공공보건 비용 및 환자발생으로 인한 노동력 손실과 그 결과로 따라오는 경제적 손실은 완화는 시킬 수 있을지 모르지만 피할 길은 없다. 환경으로 인한 이런 경제적 손실의 가시화가 부쩍 늘어서인지 아니면 인기가 점점 커지는 친환경 이미지에 대한 이익 때문인지 모르겠지만, 이윤추구를 존재의 가장 첫 번째 목적으로 하는 자본주의 자유시장 경제 체제의 기업들은 이제 친환경을 향한 움직임을 많이 보여주고 있다. 슬프지만 먹고 사는 문제가 목전이라 환경에 관심 없는 사람들도 이제는 움직여야 할 때이다.

우리가 공룡뼈를 발견하듯 수해로 빠져 묻힌 자동차나 해양 바닥에 묻혀 화석화되어버린 배와 같은 구조물들을 지성을 가진 미래의 누군가가 발견하는 실소를 짓게 하는 상상을 해 본다.

. . .

먼 미래에서는 지금의 시대가 지구상 가장 빠르게 이루어진 멸종으로 기록될 가능성이 매우 높다.

환경의 정의

숲이 아니다 · 자연 없이 살 수는 없다 · 환경의 위기가 아닌 인류의 위기

❷
환경의 정의

숲이 아니다

지금 있는 곳에 어느 정도 밖이 잘 보이는(현재 있는 곳 일대의 모습을 어느 정도 포함하는) 창문이 있다면 창밖을 바라보자. 창은 하나의 캔버스라고 하고 창을 통해 보이는 모습은 캔버스에 그려진 그림이라고 할 때, 갈색 또는 녹색의 식물과 거기에 사는 동물(사람과 사람이 키우는 가축과 애완동물을 제외한 야생의 동물이 있다면)이 차지하는 면적의 비율이 하늘을 제외한 100을 최대치라고 했을 때 얼마나 되는가? 50 이상이라면 난 개인적으로 비교적 좋은 자연환경이라고 할 것 같다. UN 2018년 자료 기준 세계 인구의 55%가 도시지역에 살며 이 수치는 2050년에는 68%로 증가할 것이라고 한다(United Nations, 2018). 세계인구는 증가하고 있는데 도시지역 인구비율도 증가한다면 도시의 인구가 크게 증가하고 있는 것이다.

도시는 각종 영화관, 쇼핑센터, 박물관 등의 편의시설과 행정기관, 의료시설, 교육 시설 등 사회기반시설이 집중되어 비교적 생활이 편하다. 이런 도시가 존재하기 위해서는 도시를 구성하고 기반 시설을 이용할 어느 정도의 시민들이 있어야 한다. 그리고 시민들이 도시를 구성하기 위해서는 살 곳이 필요하다. 우리는 우리가 살고 생활하기 위해서 생물들이 사는 환경을 우리(만)의 환경으로 바꾼다. 그리고 그 결과, 사람이 차지하기 전의 식물이 생장할 수 있는 흙이 노출된 지표면은 크게 줄어 작은 비율이 되고 나머지는 식물 생장이 힘든 콘크리트나 아스팔트, 돌 등의 재질로 바뀌게 된다.

우리(만)의 환경을 차가 잘 다니기 위해, 사람이 물에 젖지 않고 신발에 흙을 묻히지 않고 다니기 위해 기존의 흙이나 풀 표면 등을 생물이 살기 힘든 불침투성 재질(아스팔트, 콘크리트)로 덮어버린다. 그리고 그 위에 또 다시 생물이 살기 힘든 재질로 건물들을 세운다. 깎아지르듯 세워져 있는 절벽 같은 건물의 벽에는 생물이 쉽게 살지 못한다. 바위로 된 자연의 절벽에도 생물은 쉽게 살지 못하지만 자연에는 바위절벽으로 되어 있는 환경이 드물며, 있더라도 단조로운 모양이 아닌 입체적 모양으로 바위의 틈새에는 억척스럽게 생물이 자라나기 시작한다. 환경을 공부하고 주위 사람들에게 환경에 대해 공부했다는 얘기를 할 때면 사람들은 우리와 멀리 떨어진 자연인 우거진 숲이나 목초지 등을 주로 생각하는 듯하다. 하지만 환경은 숲이 아니다.

새가 지저귀며 날아다니고 우거진 나뭇가지 사이로 햇살이 들어오는 모습은 쉽게 생각할 수 있는 아름다운 자연의 모습이다. 일반적으로 평화로운 무엇인가를 떠 올릴 때 우리는 가장 아름다운 모습을 먼저 생각하게 된다. 그래서인지 환경이라고 했을 때 강남역의 인근과 같은, 사람들이 많은 전형적인 도시의 모습을 잘 그리지 않는가 보다. 하지만 강남역도 우리가 살아가는 하나의 환경이다.

서울의 인구는 약 천만 명 정도이고 서울 인근 수도권에서 출퇴근을 위해 서울로 통근하는 사람들을 생각한다면 서울의 실제적인 활동인구는 서울 거주 인구보다 많게 된다. 이 많은 사람들이 숲이 아닌 콘크리트로 둘러싸인 도시의 환경에서 대다수의 시간을 보내고 있다. 그나마 나아지고 있는 것은 서울이 아닌 서울 인근 수도권 지역이 신도시 등으로 개발되며 공원과 같은 자연을 품으며 지어지는 경우가 많다는 것이다. 덮어놓고(정말 말 그대로 그 옛날 청계천 복개와 같이 자연을 덮으며) 진행하던 기존 개발의 모습이, 이제는 우리 사회가 자연 환경의 중요성을 본능적으로 느낀 것인지 조금이나마 바뀌어 가고 있다. 호수를 조망하는 위치나 산 밑에 지어지거나 또는 공원 인근(숲세권이라 불리는)에 지어져 산책을 하기 쉬운 아파트 단지, 또는 조그맣더라도 천을 끼고 있어 산책을 할 수 있는 지역들이 많은 사람들의 인기를 얻고 있다.

자연 없이 살 수는 없다

언제부터였는지 산, 물 등의 자연에 가깝게 살려는 기조가 시작되었지만 아직까지 많은 사람들은 도시에 살고 있고 도시로 더 모여들고 있다. 키우는 과정이 힘들다고 여겨지는 농수산물이 자라나는 모습을 우리의 도시 생활에서는 잘 접하지 않고 산다. 도시에서 음식이란 흔하게 볼 수 있는 식당과 물건이 쌓여 있는 마트에 가면 언제든지 구할 수 있고 각자의 경제력 범위에서 얼마든지 구입할 수 있다. 없이는 며칠 살지 못하는 생존 필수 물질인 물도 적어도 한국과 같은 선진국에서는 집안의 상수도와 연결된 수도꼭지만 튼다면 비교적 싼 값에 마음껏 쓸 수 있다. 흥미로운 사실은 도시에서는 인구 밀도가 높고 많은 인구가 살지만 그 인구가 먹고사는 데 필수적인 음식과 생활용수의 생산은 거의 되지 않는다는 것이다.

전쟁과 같은 재난 상황을 가정했을 때 도시 인구들은 어떻게 될까? 재난 상황을 다루는 대부분의 영화들은 식료품 가게나 빈 가정집 등에서 음식을 구하고, 조난 영화(캐스트 어웨이, 마션 등)에서는 사냥을 하거나 자체적으로 농산물을 기르며 생존한다. 도시의 사람들은 야외에서 마실 수 있는 물을 어디서 구할 수 있는지, 농산물을 어떻게 키우는지에 대한 지식보다는 만들어진 상품들을 이용하는 고차적인 정보에 능하다. 인터넷에서 필요한 것은 대부분 언제든 찾을 수 있기 때문에 그러한 지식을 아는 것보다 필요한 정보를 잘 찾는

능력이 더 중시되는 것 같다. 그래서인지 인터넷이 없으면 당장 많은 문제가 생길 것만 같은 느낌은 많은 사람이 공감을 할 것이다. 고차원적이라고 마냥 좋은 것이 아니다.

우리에게 반드시 필요한 영양소들은 자연에서 만들어진다. 그리고 도시에는 그런 자연이 매우 적다. 필수 음식들이 만들어지는 교외지역과, 그 음식들을 도시로 운반하는 사회기반 및 교통시설, 그리고 운반된 음식 상품을 파는 마트와 수도 시설 등이 도시생활을 가능하게 한다. 결국 도시에서는 피상적으로 모든 생활의 면모가 편리하게는 되어 있다. 하지만 정작 자연이 없이 도시만 존재한다고 하면 사람은 먹을 것도 구하지 못해 살아남기 힘들어진다. 공성전을 할 때 성안에서 머무는 사람들이 식량 보급이 끊기면 자멸하는 것처럼, 재난 영화에서 외부위협을 막기 위해 장벽을 세워 외부를 차단한 도시는 식량 보급을 무시한 허구라는 말이다. 사람은 자연을 떠나 자연 없이 살 수 없다.

2020년 코로나로 인해 세계의 많은 도시들이 도시의 단점을 보여주었다. 코로나의 확산을 막기 위해 봉쇄된 지역에는 먹을 것의 공급이 문제가 되기 시작했다. 사람들은 사재기를 하기 시작했고(정확한 사실은 다른 기사를 가져다 사실 확인을 하지 않고 내는 언론의 전문성 하락으로 인해 파악하기 쉽지 않지만 음식의 공급은 결국 사재기를 하지 않아도 문제가 되지 않았다는 기사들이 있었다) 생수, 라면 등의 음식과 방역에 중요한 마스크는 물론 화장지 등의 생필품 등도 마트에서 동이 났다. 영국국적의 크루즈호인 다이아몬드 프린세스는 코로나 확진으로 인해 배가 일본에서 격리되며 승객들은 선상이라는 공간에 발이 묶여 생필품 제한공급을 받았다. 우한은 도시 전체가 격리되는가 하면, 미국에서는 외출금지령이 주별로 시행되었고, 유럽에서는 이탈리아 베네치아, 밀라노 등이 격리되었다.

 이런 도시의 단점을 고려해 도시 내에서 자체적으로 농수산물을 생산하는 시스템을 적용하는 것을 생각해 볼 수 있다. 도시의 좁은 공간이라는 단점은 단순 대지 면적 대비 많은 농작물을 키울 수 있는 수직농업이라는 방식이 어느 정도 해결해 줄 수 있다. 빛과 물, 영양분을 제공하여 농수산물을 재배하는 수직농업의 방식은 노지재배에서 많이 사용되는 제초제, 살충제가 필요 없어 비용과 노력이 적게 들지만 수직 공간의 제작, 빛, 물의 공급에 자원을 더 소모한다. 또한 꽃의 화분이 새나 곤충에 의해 수정이 되어야 결실을 맺는 여러 작물의 생육이 제한적이며, 과실수처럼 땅의 면적뿐만 아니라 상하로의 공간을 많이 차지하는 농산물 및 감자, 고구마처럼 땅속에 있는 부분을 먹기 때문에 흙 필요량이 상대적으로 많아지는 농산물 등은 수직 재배 적용이 아직은 요원하기만 하다.

 어쨌든 수직농업을 적용하여 채소 등의 먹거리는 어느 정도 조달 가능성이 있을지 모르지만, 사람이 점점 모일수록 살 공간조차 모자라지는 도시에서는 높아지는 부동산 가격 때문에 노지재배 방식 농수산물에 비해 결국 경쟁력이 훨씬 뒤처질 수밖에 없다. 이러한 사실이 부정되려면 도시의 농수산물 공급이 주로 수직농업에 의해 이루어지고 있어야 한다. 식물 상품 중 현재 그나마 도시와 가까운 곳에서 재배되는 식물은 식용작물이 아니지만 상품의 높은 가격 때문에 높은 부동산 비용의 상쇄가 가능한 화훼 정도를 생각해 볼 수 있다.

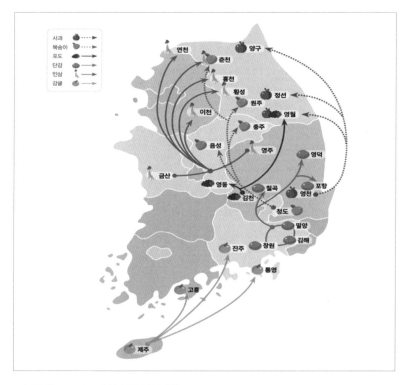

• 통계청(1970~2015년 농림어업총조사)

기후변화로 인해 요즘 특산물에도 변화가 일어나고 있기는 하지만 경북지역 사과, 강원도 옥수수, 감자 등 많은 작물에는 특산지가 있다. 다시 말해 단지 빛, 물 공급뿐만 아니라, 특정 지역에 해당하는 온도, 습도, 해당 작물에 영향을 주는 동식물과 계절의 영향 등 많은 환경적 요건이 작물의 생육과 관련이 있다는 얘기다. 그래도 빛, 물을 제외한 노지재배의 다른 모든 조건의 부재로 인해 수직농업에서 발생할 수 있는 생장적 문제점을 모두 발생하지 않을 것이라 가정해보자. 도시내의 수직농업에 의해 생산된 농작물은 건물 건축, 건물 내 수직 재배를 위한 구조물 및 시스템 비용에 의해 그 가격이 먹지 못하는 화훼 이상으로 되지 않을까 예상한다.

결국 수직농업의 비용 경쟁력은 도시에 특별한 상황(운송비 증가, 보조금, 제도적 보조 등의 정책 변환으로 인한 수직 농업의 발전 등)이 생기지 않는 이상 자연적으로 발생하여 자리잡기는 쉽지 않을 것이다. 누군가는 이러한 생각이 틀리다고 느낄 수도 있다. 하지만 수직농업이 경제적으로 활성화되어 있는 도시 지역을 나는 아직 보지 못했다. 아마도 언급된 부분들을 극복하지 못하고 있기에 그런 것이 아닌가 가늠해본다.

환경의 위기가 아닌 인류의 위기

급격히 변하는 환경이 문제 되는 것은 지금 우리 인류가 사는 데 많은 피해를 발생시키기 때문이다. 인류의 시점에서 거주 불능인, 쉽게 말해 문자 그대로 살기 힘들어지기 때문이다. 지구가 더워지면 우리가 사는 곳의 식생이 변하고, 먹을 수 있는 음식이 변하며, 집의 형태와 입는 옷이 변한다. 변화가 나쁜 것만은 아니다. 이산화탄소 농도가 높아지며 식물이 더 커진다거나, 영구 동토였던 땅이 녹으며 사용할 수 있는 땅이 늘어난다거나 하는 긍정적으로 볼 점도 있다. 하지만 학자들이 IPCC 보고서 등 여러 이야기를 통해 공통적으로 얘기하는 결론으로 봤을 때 기후온난화의 장점은 단점에 결코 미치지 못한다. 단언컨대 기후변화의 결말은 좋지 않다는 것이다.

이것은 지구에 위기가 온다는 말이 아니다. 지구와 우리를 동일시하는 것은 인류의 좁은 관점에서 본 표현이며 정확히는 옳지 않다. 지구에 위기가 오는 거라면 달 정도 되는 크기의 행성이 지구와 충돌하려 해서 지구가 파괴된다거나 하는 경우이다. 이미 5번이나 겪은 대멸종이 환경 위기로 인해 한번 더 온다고 해서 지구가 파괴되지는 않는다. 그저 지구로 봤을 때 조금의 시간을 거쳐 회복할 수 있는, 사람으로 치면 피부의 상처 정도일 뿐이다. 6400km 정도에 달하는 지구 반지름에서 인류가 지층의 10km 정도라도 사용한다면 매우 후하게 쳐준 수치이다. 지구에서 지층 10km 깊이를 사람의 몸에 비교하면 가장 두꺼운 부분인 몸통이라도 피부 1mm도 안 된다. 그리고 우리의 환경이 위치한 지층은 이보다 훨씬 더 얇으니 이 정도 두께를 사람 몸에서 벗긴다면 몸에 낀 때를 벗기는 정도일 것 같다. 때 좀 벗겼다고 사람이 죽기는커녕 아프지도 않은 것처럼, 지구는 6의 대멸종을 맞는다 해도 지구 나이 기준으로 눈 깜짝할 시간인 몇 십만 년, 몇 백만 년 만에 다시 환경을 회복시켜줄 것이다. 우리의 환경문제는 현재의 우리 인류 스스로가 살기 위해서 해결해야 한다.

지구상 대멸종은 아무리 짧아도 백만 년 정도 기간에 걸쳐 일어난 사건이다. 적어도 과거의 기록에는 말이다. 산업혁명 이후 150년 동안 우리는 정말 많은 것을 이루었다. 그리고 그 중엔 인간이 기록할 수 있는 역사상 기록만이 아니라 인류가 없어져도 지구에 기록될 지층의 흔적도 있다. 지금의 인류활동이 지층에 기록 되어있을 먼 미래에 지층을 본다면 닭, 돼지, 소 등 가축의 뼈가 지층에서 쉽게 발견될 것이다. 그리고 그 외에도 매립장이 있던 곳에서 플라스틱 및 화석화될 수 있는 여러 물질들이 발견될 것이다. 우리가 공룡 뼈를 발견하듯 수해로 빠져 묻힌 자동차나 해양 바닥에 묻혀 화석화 되어버린 배와 같은 구조물들을 지성을 가진 미래의 누군가가 발견하는 실소를 짓게 하는 상상을 해 본다. 먼 미래에서는 지금의 시대가 지구상 가장 빠르게 이루어진 멸종으로 기록될 가능성이 매우 높다.

지구가 아닌 우리에게 매우 큰 이벤트인 대멸종은, 프로세스의 매우 긴 기간적 성격으로 인해 당연히 우리에게는 느껴지지 않아야 하지만 얼마나 진행이 빠른지 내게는 벌써 느껴지고 있다. 비공식적이자 개인적으로, 그리고 가깝게는 내가 어릴 때의 저녁 노을 하늘에 볼 수 있었던 박쥐는 이제 보기 힘들고, 공식적으로는 독도 강치가 사라졌다. 꿀벌은 개체수가 급격하게 줄어들고 있고, 멀게는 호주에서 100년 정도 전에 주머니늑대가 멸종했다. 생물학자도 아닌 내가 아는 것만으로도 이런데 학자들에 의해 조사되는 사라지는 동물들의 수치는 매우 높을 것이다. 박쥐를 못 보는 내가 아닌 학자들에 의해 6차 대멸종이라는 표현이 만들어졌으니 말이다.

이런 상태를 우리 생활에 적용해 본다면 우리는 피해를 볼 수밖에 없다. 멸종되는 동식물의 수에 비례하여 우리의 먹거리도 없어진다고 가정해보자. 전체 동식물 중 우리가 식용으로 하는 동식물의 수는 분명 제한적이다. 그래도 이런 가정을 하는 이유는 꿀벌이 없어지면 화분의 수정에 영향을 받는 과수농과 전체가 영향을 받는 것처럼, 어떤 종이 없어지면 그 종이 식용은 아니더라도 매우 복잡하게 관계가 얽혀 있는 생태계에서는 우리의 음식군 자체가 크게 영향을 받을 수 있기 때문이다. 굳이 동식물의 영향이 아니더라도 비가 많이 오면 야채나 과일이 상해서 값이 오르고, 비가 적게 오면 적게 오는 대로 작황이 나빠져 영향을 받는다.

그러니 당연히 뭔가 없어지면 직간접적으로 영향을 받고, 직접적으로는 먹을 수 있는 음식의 종류가 없어진다. 바나나가 멸종될지도 모른다는 기사가 심심치 않게 나왔다. 커피도 작황이 나빠지며 공급이 줄어 가격이 최근 올랐다는 기사도 보았다. 우리는 농업기술과 사회의 발전으로 인해 현재 정말 다양한 종류의 먹을 것들을 접할 수 있다. 그래서 우리는 아직 음식 종류 몇 개 정도는 없어져도 큰 불편함이 없을지도 모른다. 하지만 시간이 지날수록(지구의 일반적인 멸종 속도가 아닌 우리가 만드는 기록적인 멸종속도로 인해) 더 많은 종류의 음식과 그 양이 줄어들 것이다. 결국 내 눈에는 인류가 어려워지는 비관적인 미래만이 점점 더 또렷해지고 있다.

많은 지구의 병과 같은 문제를 가진 우리는 이 급성적인 병들을 고치기 위해 지난 몇 십 년 동안 어느 하나라도 단번에 끊은 것이 있는가?

• • •

여러 가지 원인 중 아무것도 끊지 못한 우리가 지금 병으로 인해 죽어가고 있다고 보지 않아야 할 이유가 있을까?

환경문제 몇 가지

생물 다양성 · 환경 급진성 그리고 제6의 대멸종
· 북극얼음이 녹으면 북극곰은? · 에너지 변환 – 독(毒)의 정의

3

환경문제 몇 가지

지구온난화와 기후변화 자체는 매우 중요하고 큰, 우리가 익히 알고 있는 문제이다. 그렇기 때문에 나는 이 책에서 그 외의 온난화와 관계되어 발생하는, 또는 관련되어 해결해야 하는 또 다른 큰 문제들에 대해 얘기해 보려고 한다.

생물 다양성

사람이 살아가기 위해 어느 공간을 차지하게 되면 현재 우리의 사회 기준에서 그 공간은 매우 사람 중심적으로 변모하게 된다. 초목이 제멋대로 자란 땅에 아파트를 세우는 계획은 아파트 가격이 비싼 수도권 주위에서 지금까지 쉽게 볼 수 있던 모습이다. 사실 아파트가 들어설 그 땅은 제멋대로가 아니라 치열한 동식물들의 경쟁 속에 피어난 생물들의 보금자리이다. 풀만 있어 보이는 곳은 포유류, 조류, 파충류, 양서류, 곤충, 식물 등 매우 다양한 생물들의 터전이다.

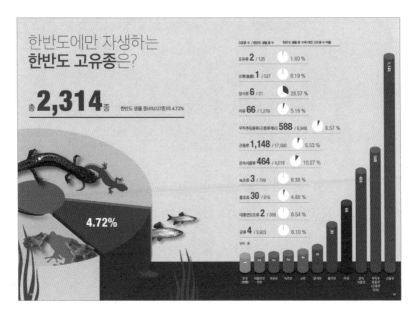

• 우리나라 생물 다양성표

우리나라의 경우 원생동물과 균계를 제외한 동물과 식물의 합이 35,000여 종이 넘으며 한반도 고유종만 하더라도 2,000종이 넘는다. 아파트가 건설됨으로써 적어도 몇 십 가지에 달할 수림지의 단위면적당 생물 다양성은 급격히 떨어지게 된다. 그리고 그 위치에 정착하게 되는 생물은 호모사피엔스와 그 호모사피엔스가 살아갈 주거지의 조경을 위한 식물 몇 가지와 인류와 가깝게 사는 쥐, 바퀴벌레 등의 동물 몇 종류 정도로 한정될 것이다.

코로나19의 파장으로 2020년 초반 사람 이동이 제한된 세계의 도시 지역에 야생동물들이 찾아왔다는 뉴스가 보도된 것을 보았다. 사람이 떠난 폐가에는 수풀이 뒤덮기 시작하며 차량 통행이 많지 않은 산간 오지의 도로는 길 위로 나무나 풀들이 자신들의 지류를 뻗기 시작한다. 이렇듯 당장 사람들의 발길만 끊기더라도 생물은 다시금 서로 간의 경쟁을 하며 자리를 차지하기 시작한다.

내가 어렸을 적 살던 지방 대도시의 동네는 그 당시엔 아직 많은 자연이 있었던 걸로 기억한다. 동네에는 현재도 부모님이 사업장을 가지고 생활을 하고 계신다. 살던 집의 동네는 지금은 복개돼버려 볼 수 없는, 개천이 흐르던 지역이었다. 그래서였는지 비 오는 날 아침, 이웃집에서 지금은 그곳에서 볼 수 없는, 두꺼비를 볼 수 있었다. 그 개천은 내가 초등학교에 입학하기 전에 복개가 되었던 것으로 기억하는데 그 아주 작은 개천에 내려가 물고기를 봤던 기억도 난다.

생물 다양성은 생태계의 건강과 관계가 깊다. 식물은 이동성이 매우 낮으며 동물은 높다. 개천을 덮어 길을 만든다면 개천을 이용하는 이동성 높은 개구리, 두꺼비 등의 양서류조차 없어지게 된다. 어렸을 적 보았던 두꺼비를 지금은 그 동네에서 볼 수 없는 것처럼 말이다. 초목이 자라는 목초지 등의 지역에 길을 내면 그 길이 생태계를 나누는 장애물의 역할을 하게 된다. 다행히도 요즘은 생태통로라는 것을 곳곳에 적용하고 있다. 그래도 그린벨트를 풀고 개발을 하는 경우에는 그곳의 생태계를 뒤집어 놓는 것이라고 보면 될 것 같다. 뒤집어 엎는 것이 우리에게 반드시 나쁜 것은 아니지만 현재 환경과 우리나라의 상황에서 그린벨트 해제등의 경우엔 대부분 좋지 않은 것이다. 많은 인구와 물자가 도시로 몰려 도시 생태계가 피해를 많이 입은 상황에서 그나마 남아 있어 더 중요한 역할을 하는 생태계를 없애는 것이기 때문이다.

지구가 갈수록 더워지고 있는 시대에 아스팔트 콘크리트 보다 2~3도 정도 낮은 기온을 만들어 주는 초목 지역을 없애는 것은 미시적으로 그 지역의 온난화를 가속화시킨다. 내가 지금 사는 지역은 도시에서 그리 멀리 떨어지지 않은 전원지역이다. 그리고 회사를 다니러 출근하던 지역은 신도시이다. 출근할 때 차량에 표시되는 외부 온도는 신도시로 가면 2~3도가 증가했고 퇴근할 때 전원지역에 있는 집으로 가면 항상 2~3도가 감소했다. 거리는 차로 30분 정도였다. 아침엔 기온이 오르고 퇴근할 시간인 저녁엔 기온이 떨어지니 지리적인 요인이 아닐 수 있겠다 생각도 했었지만, 퇴근 후 가족을 데리고 큰 마트나 쇼핑몰을 가기 위해 도심으로 여러 번 갈 때마다 저녁인데도 온도가 2~3도씩 다시 오르는 걸 보고 지역적인 차이를 확인했었다.

파괴되지 않고 높은 다양성을 보존하고 있는 생태계는 외부 자극에도 강한 복원력을 보인다. 황소개구리가 우리나라에 들어오게 되었을 때 몸집이 더 작은 토종개구리를 잡아먹는 등 문제들을 일으켰다. 다양성이 훨씬 높은 열대우림에 황소개구리가 유입되었다고 가정한다면 우리나라의 경우보다 문제가 적을 것이라고 본다. 우리나라에서 황소개구리는 뱀도 잡아먹는다. 뱀도 잡아먹는 황소개구리를 잡아먹을 만한 천적의 수가 우리나라에는 적지만 열대우림 지역에는 황소개구리가 먹기 힘든 크기의 뱀의 종류도 더 많을 것이며 황소개구리를 잡아먹을 수 있는 크기의 동물 수도 훨씬 많을 것이기 때문이다. 다양성이 클수록 외래 종의 유입 등 외부 자극을 조절할 수 있는 요인이 더 많은 것이다.

그동안 인류는 생물 다양성에 미칠 수 있는 영향에 대해 전혀 고려하지 않은 채 우리 인간만의 개발을 해 왔다. 우리 스스로의 이익을 위해 충분히 개발을 해야 하지만 우리에게 필수인 환경과 생태학적으로는 그렇지 않은 방향으로 진행되고 있었던 것이다. 과거 어느 부분까지는 거대한 생태계 환경에 의해 개발이 인류에게 그저 이익이 되는 방향이었겠지만 이제는 더 이상은 그렇게 보기 힘든 수준에 이르게 되었다. 이제부터는 우리의 이익을 위한 개발이 정말 필요한지 따져보고 환경에 대한 영향을 충분히 고려하며 진행하지 않으면 안 될 얘기다.

환경 급진성 그리고 제6의 대멸종

　환경에 대한 운동이 급진적이라고 생각하는가? 그렇다면 현재 인류에 의해 벌어지고 있는 환경적 변화(온실가스 배출에 의한 변화 및 플라스틱 사용증가, 개간 및 도시 개발에 의한 자연 녹지 제거의 영향)는 급진적이지 않았을까를 생각해보자. 인류가 아는 범위에서 지구역사상 산업혁명 이후 현재까지의 환경변화는 가장 빠르다. 그리고 그 변화는 우리 손으로 만든 것이다. 우리가 만드는 환경적 변화는 산업혁명 이전과 비교하여 매우 급진적이지만 그에 대한 우리의 대응은 전혀 그렇지 못하다.

　기적적으로 인류에 의한 온실가스 배출을 당장 제로로 만든다고 해도 그것은 인간이 자연에 미치는 큰 영향 중 한 가지의 원인을 중단시키는 것이지, 진행되고 있는 기후변화를 당장 해결하는 것은 아니다. 지금까지 인류가 배출한 온실가스는 약 25%가 바다에 흡수되었고(Le Quéré et al., 2018), 지구의 열 평형에서 초과되는 열 또한 대부분 바다가 흡수했다. 인류의 온실가스 배출이 당장 멈추더라도 이미 바다로 흡수한 열로 만들어진 지구 온실 상태의 영향으로 기후변화는 당장 멈추지 않고 어느 기간 동안 지속될 것이다. 그리고 이러한 현상들이 지구 회복 탄력성을 넘어버린다면 인류는 슬픈 미래만을 기대해야 한다.

기적적인 온실가스 배출 중단에 다른 기적이 겹쳐 기후변화가 인류가 감당할 수 있는 수준으로 제한된다고 해도, 플라스틱과 같은 무분별한 자원의 사용과 토지 개발에 의한 생물 서식지 파괴의 문제는 여전히 남는다. 플라스틱은 이미 우리의 입을 통해서 몸에 들어가 소화기관을 넘어 혈관과 같은 인체 내 조직에서 발견되고 있다. 아토피, 비염 등의 알레르기 종류의 면역계 질환은 증가하고 있지만 정확한 원인은 과학적으로 아직 확인되지 않았다. 환경호르몬이 연관이 있을 것이라 추측하며 플라스틱이 그 환경호르몬의 원인 중 하나라고 짐작하고 있을 뿐이다.

몸무게를 합을 나타내는 생물량은 어떤가? 국립과천과학관 이정모 관장은 만 년 전 야생동물의 생물량은 99.9%이고 인간과 가축은 0.1%였는데 지금은 야생동물이 3%이고 인간과 가축이 97%라고 한다(유튜브 사피엔스 스튜디오, 2022). 서로 다른 생물종이 얼마나 많은지를 가리키는 다양성과 한 생물종의 개체수가 얼마나 많은지는 생태계에 매우 중요한 지표이다. 종이 다양하더라도 개체수가 적거나, 개체수가 많아도 종이 다양하지 않다면 그 생태계는 자극에 매우 취약하고 붕괴되기 매우 쉽다. 그리고 우리는 이미 우리의 생태계를 매우 취약하게 만든 상태이다.

기후변화, 자원의 과다사용, 생태계 변화 등 문제시되는 변화에 대한 대응은 보통 변화가 일어난 기간과 같은 길이의 기간을 들여 대응하지 않아야 한다. 예를 들어 건강에 문제가 생겼다고 하자. 병원에 가서 진찰을 받아보니 섭취하는 소금의 양이 점점 늘어나 문제가 생겼다고 한다. 조사를 해보니 1년 동안 점점 입맛이 자극적으로 변하며 섭취하는 소금의 양도 점점 늘어났다고 한다. 환자는 섭취하던 소금의 양을 1년 동안 점진적으로 줄이지 않고, 당장 적정량으로 줄일 것이다.

또 다른 예로 담배를 20년 피운 사람이 담배에 의해 건강문제가 생겼을 때 앞으로 흡연량을 20년 동안 점진적으로 줄이지는 않는다. 당장 담배를 끊는다. 우리는 150년 동안 소금 섭취와 담배를 늘려오다 문제가 생겼다. 그런데 왜 당장 끊지 않고 있을까? 소금을 적정량으로 줄이면 음식이 맛이 없을 것이다. 담배를 끊으면 금단 현상이 생긴다. 음식은 자극적인 맛을 잃고 금단 현상이 오면 괴롭다. 그리고 우리는 그 괴로움을 맞이할 능력이 없다. 소금 과다 섭취와 흡연으로 인해 망가진 곳을 고쳐야 하는데 고칠 때 오는 고통을 견뎌낼 용기가, 그리고 마음이 없다.

환경을 보호하려는 환경운동은 과격할 수 있다. 하지만 그 과격함은 '운동'이라는 행위에서 쉽게 생기는 과격함이며 '환경'은 과격함과 거리가 멀다. 노동자운동, 시민운동, 학생운동에서도 발생하는 것처럼 '운동'이라는 성격에 의한 것이지 현재의 환경이슈를 해결하기 위해 반드시 따라오는 요소가 아니다. 그렇기에 환경운동은 과격하다며 밀어낸다면 나는 잘못된 것이라 말할 것이다.

그리고 과격함 하면 쉽게 떠오르는 급진성과도 거리가 있다. 우리에게 피해를 입히는 환경의 변화속도를 고려한다면 그에 대응하기 위한 환경운동은 급진적이라는 말이 상대적으로 성립하기 힘들다. 산업혁명 이후 150년간의 온도상승은 그 속도가 지구 역사상 유례가 없을 정도로 빠르며 생물 멸종 속도 역시 너무 빨라서 제 6차 대멸종에 접어들었다. 하지만 이 환경변화의 급진성에도 지금까지 온난화 상승세를 막은 환경운동의 성공은 없었다. '온난화'가 아닌 온실가스 배출량의 '상승세'만을 잠시 꺾었던 세계적 경기침체만 있었을 뿐이다.

현대를 제외하고 지구 역사상 확인된 가장 빠른 온도상승은 PETM(Paleocene-Ecocene Thermal Maximum)이라고 부르며 20만 년 동안 온도는 5~8℃가 상승했다(McInerney & Wing, 2011). 100년 평균 0.0025~0.004℃가 상승한 셈이다. 그리고 1860년 이후 우리는 실제보다 길게, 기간에 대한 올림을 해서 200년 동안 1.1℃를 상승시켰다. 100년 평균으로 했을 때 0.5~0.6℃ 정도의 증가세를 보인다. 45억 년 지구의 역사에서 확인된 가장 빠른 온도상승보다 최소 100배 이상 빠른 속도이다.

만 년 동안의 생물량의 변화, 생물 멸종 속도, 자원의 사용량으로 인한 생태계와 인류의 피해, 그리고 온도상승 속도 어느 하나를 보아도 급진적이지 않은 것이 없다. 이렇게 많은 지구의 병과 같은 문제를 가진 우리는 이 급성적인 병들을 고치기 위해 지난 몇 십 년 동안 어느 하나라도 단번에 끊은 것이 있는가? 여러 가지 원인 중 아무것도 끊지 못한 우리가 지금 병으로 인해 죽어가고 있다고 보지 않아야 할 이유가 있을까?

북극얼음이 녹으면 북극곰은?

　북극곰이 회색곰과 교배하여 새로운 종이 탄생했다는 얘기를 들었다. 기온이 변하며 극지방의 온도가 올라가고 환경이 바뀌어 먹이를 찾아 살 곳을 찾아 내려온 북극곰이 회색곰(그리즐리 베어)과 만나 이루어진 일이다. 새로운 종이 탄생하는 것은 북극곰과 회색곰 사이만의 일이 아닐 것이다. 과학이라는 이름을 빌려 우리가 구분한 종들이 지역, 환경적인 경계가 사라져 서로 만나 형태가 다른 생물을 발생시킨다. 동물은 눈에 쉽게 띄기에 교배종이 발견된 것이다. 하지만 이동하지 않는 식물은 각 개체로 보면 동물보다 눈에 잘 띄기 힘들며 이동성이 낮은 편이기 때문에(식물은 사람에 의한 이동을 제외하면 대부분 번식을 통해 이동을 하며 번식 속도 또한 보통 일 년을 주기로 하는 경우가 많다) 새로운 종이 발현하더라도 동물보다 현저히 느린 속도로 이루어질 것이다.

균류는 어떨까? 균류는 여름철이라면 한두 시간 만에 음식을 상하게 만들 정도로 번식 속도가 빠르다. 그리고 코로나 사태로 알 수 있듯이 동물에 의해 이동하여 다른 콜로니(균의 집단)와 만나 새로운 종의 발현이 매우 쉽게 이루어진다. 우리는 이런 경우를 이미 경험했다. 야생 조류의 이동성으로 인해 우리가 사육하는 가금류는 조류인플루엔자로 인한 피해가 매년 발생하고 있다. 코로나 바이러스는 사람 간의 이동으로 인해 현재도 변종이 끊임없이 발생하고 있다. 우리는 코로나 피해의 예방과 감소를 위해 백신접종을 늘리며 사람 간의 접촉을 강제로 막는다. 접촉이 많아 질수록 전염으로 인한 피해가 커지며, 새로운 종류의 코로나 바이러스로 인한 피해도 발생하기 때문이다. 6차 대멸종에 접어든 우리는 종이 늘어나면 생물 다양성 증가로 기뻐해야 하는 일일까?

우리는 이런 생태계의 움직임을 혼란이라고 하여 환경 위기감을 발생시켜 우리의 행동을 유도하고 자극시키는 데 사용할 수도 있다. 우리 입장이 아닌 환경의 입장에서 생각해 보자. 새로운 종의 발생은 종 사이의 접촉을 막는 장애물이 사라진 지역에서 생태계가 적응을 하는 자연스러운 현상, 즉 당연한 인과관계다. 우리가 화석연료를 사용하며 대기 중 이산화탄소라는 온실가스를 증가시켰기에 그 인과로 지구 온도가 상승했다. 살 집을 짓고 이동할 길을 위해 흙 표면을 콘크리트와 아스팔트로 바꾸어 편안히 살았기에 생물 다양성이 감소했으며, 우리가 먹을 것을 키우기 위해 기존의 땅에 뒤덮여 있던 식물을 없애서 생태계가 피해를 입었다. 이런 결과로 지구의 기후가 변화하고, 생물다양성 감소로 인해 생태계가 변화한다. 생태계 변화 중 종의 개체 수를 조절하는 어떤 자연인자가 소멸해 특정 생물의 개체수가 폭발적으로 증가하고 그로 인해 우리의 피해도 발생한다. 이런 현상들을 만드는 변화의 원인은 결국 우리의 행동이다. 의도하지 않았든 의도했든 기후변화는 우리가 만든 것이며, 그 변화에 따른 환경의 자연스러운 적응이 우리에게는 자연스럽지 못한 가뭄, 홍수, 폭염, 산불 등의 피해로 다가온다.

에너지 변환 - 독(毒)의 정의

환경을 우리 몸에 비교해보면 좋을 것 같다. 지구 온난화 비교를 위해 우리 몸에 어떤 한 물질이 계속 늘어난다고 하자. 평소에도 있는 물질이고 몸 구석구석에서 잘 쓰이는 물질인데 이 물질의 양이 평소보다 점점 많아지면 우리의 몸은 그에 대한 반작용을 시작하게 된다. 증가의 양이 너무 많아 그 반작용이 효과적이지 못하게 되면 부작용을 일으키게 된다. 물 마시기를 예로 들어보자. 물은 꼭 필요한 요소이지만 적정한 양을 넘어 점점 몸으로 들어오는 물이 많아지면 몸속 염분 등 전해질의 균형이 깨지며 몸에 무리가 가기 시작한다. 그럼에도 유입되는 증가량이 멈추지 않고 계속 증가한다면 생명을 잃는 심각한 결과까지도 일으킨다.

일반적으로 생각하는 물을 많이 마시면 좋다는 것은, 물을 충분히 마시지 않는 사람이 대다수인 것을 가정으로 하루 2리터 정도라는 일정한 양이 정해져 있는 것이다. 이런 부분을 생각하지 않고 짧은 시간에 많은 양의 물을 섭취한다면 앞에서 말한 것처럼 문제가 발생한다. 우리 몸에 없어서는 안 될, 그리고 많이 마셔도 탈이 나지 않는 물질로 흔히들 잘못 알고 있었을 물조차도 섭취하는 양에 따라 목숨을 잃을 수도 있다. 이러한 이유로 상대적으로 갑자기 늘어나는 그 어떤 물질도 문제를 일으키지 않기는 힘들다. 우리의 몸이든 환경이든 결국 중요한 것은 균형이다.

에너지의 사용하는 양도 이 문제에서 벗어날 수 없다. 화석연료를 200년 가까이 사용해온 우리 인류는 지금 그로 인해 발생한 문제를 여실히 겪는 중이다. 화석연료를 사용하기 시작한 시기에 대부분의 인류는 그것으로 인해 무엇인가 크게 문제가 발생할 것이라고 믿지 않았다. 화석연료를 100여 년을 사용하다 석탄에서 발생하는 스모그로 인해 런던에서 대규모 인명피해가 발생하자 대책을 마련했고 그 효과로 인해 더 이상의 피해를 방지할 수 있었다. 하지만 지구온난화에 대한 대응으로 최초의 유의미한 사건이라 할 수 있는 교토의정서로부터 25년이 지난 지금도 이산화탄소에 의한 피해 해결책의 효과를 전혀 이끌어 내지 못하고 있다. 지구 대기 중 이산화탄소는 꾸준히 증가하고 있으며 증가속도는 줄어들기는커녕 상승해 왔다.

비단 온실가스 문제가 아니더라도 화석연료를 포함한 자원은 유한하기에 우리는 그에 대비를 해야 한다. 현재의 사회 시스템은 동일 질량에 높은 에너지를 포함하며 휴대성마저 좋은 화석연료에 크게 의존하고 있다. 내가 환경 공부를 본격적으로 시작한 2000년대 초만 해도 원유생산은 2010년쯤 최고치를 기점으로 생산량이 점점 줄어들게 될 것이라는 예상이었다. 하지만 프래킹(fracking: 고압의 액체를 이용하여 원유를 추출하는 방법)이라는 기술의 발전으로 인해 생산 가능량은 늘어났고 최고 생산량의 예상 연도는 더 미래로 미뤄지게 되었다. 그래도 결국 화석연료는 유한하기 때문에, 환경문제가 없는 것처럼 생각하더라도, 현재의 에너지에서 기인한 풍요로움과 편리함을 유지하고 싶다면 인류는 수십 년 후의 연료에 대해 심각히 고민해야 하는 것이다.

에너지와 자원에 힘입은 풍요로움을 지속시키기 위해 화석연료의 사용은 줄이며 인류의 에너지 사용은 줄이지 않고 이산화탄소를 발생시키지 않는 에너지원으로 대체한다고 가정해보자. 현재의 대체원으로는 크게 재생에너지와 원자력 에너지가 있다. 2000년대의 어느 순간, 인류가 일 년 동안 사용하는 모든 에너지의 사용량은 단 하루 동안 지구에 내리쬐는 태양에너지의 양과 같았다. 꾸준히 증가한 인류의 에너지 사용량으로 인해 현재는 하루 이상 이틀 이하의 태양에너지양과 같을 것이다. 우선 이 태양에너지는 반사되는 양과 우리가 사용하기 힘든 지역인 넓은 면적의 바다로 향하는 양, 그리고 제한적인 태양광 장치의 효율 등으로 인해 비교적 적은 양만이 우리의 에너지로 사용이 가능하다.

그래도 가능한 많은 에너지를 재생에너지인 태양광에 의존한다고 할 때 햇빛이 내리쬐지 않는 시간에도 에너지 사용이 가능해야 한다. 화석연료를 사용하지 않고 이것이 가능하기 위해서는 에너지를 저장할 장치가 필요한데 현재는 배터리로 저장을 하거나 댐과 같은 위치에너지로 변환한다. 배터리는 저장장치로 유용한 편이나 높은 가격으로 인해 에너지 생산단가를 크게 증가시켜 생산성을 떨어뜨리고, 댐과 같은 위치에너지의 경우엔 장치의 제작에 지형적 요인 영향을 크게 받아 한계가 있다. 그리고 차세대 에너지로 각광받는 수소에너지 또한 수소 생산을 위한 장치의 기술적인 제한으로 아직은 요원하기만 하다.

원자력 에너지에 크게 의존한다고 가정했을 때 이산화탄소를 발생시키지 않으며 태양광에 비교해 에너지 발전 농도가 커서 적은 면적만을 필요로 한다는 장점이 있다. 하지만 의존도가 높아질수록 발전으로 인해 방출되는 방사선 등의 부산물의 절대량은 증가할 것이다. 화석연료의 사용으로 인한 온실가스의 증가가 대기중의 이산화탄소에 양을 조금 더할 뿐이라 생각하며 어떤 결과를 가져올지 확신하지 못했던 1900년대 초기처럼(그 당시에도 온실효과에 대한 학자의 연구는 있었다.) 우리는 방사선의 증가로 인한 미래를 예측은 할 수는 있지만 확신은 하지 못한다. 원자력 사용의 증가는 사용 후 폐기물의 양을 증가시킬 것이며 방사능 물질이 절반으로 줄어드는 반감기에만 몇 만 년이 필요한 위험요소가 더욱 증가하게 된다.

화석연료 대신 방사능 물질의 사용을 경제에 비유하면 마치 이런 경우가 될 것 같다. 4%의 이자로 누군가에게 우리는 돈을 빌려 쓰고 있다. 당장 원금을 모두 갚지 않아도 되지만 우리가 이자로 인해 갚아야 할 돈은 쌓여 가는 중이다. 벌어들이는 돈으로 계속 갚고는 있지만 씀씀이로 인해 원금은 이미 재산압류가 들어올 수 있을 만큼 증가했다. 그런데 다른 곳에서 0.04% 정도의 이율로 우리에게 돈을 빌려줄 수 있다고 한다. 다만 이곳에서는 우리의 재산을 갑자기 모두 가져갈 수 있다고 한다. 그리고 우리의 재산을 가져갈 확률은 작지만 돈을 많이 빌릴수록 비례하여 커진다.

4%의 이자로 돈을 빌려주는 것은 화석연료이고 0.04%는 원자력이다. 두 에너지원이 발생시키는 온실가스의 비율을 이율처럼 비교해본 것이다. 원자력은 지진이나 인재에 의해 사고가 나면 우리에게서 많은 것을 앗아 간다. 그리고 잃게 되는 정도는 원자력에 많이 의존할수록 발전소의 개수와 폐기물 양에 따라 커진다.

어떤 에너지원을 사용하더라도 그 사용하는 양을 적절히 하지 않는다면 문제는 발생할 수밖에 없다. 대학에 다니던 시절 화학수업 중 교수가 독이라는 물질이 정해져 있는 것이 아니라 사용하는 물질의 양에 따라 독이 된다고 말한 적이 있다. 많은 사람이 공감할 수 없는 그 교수만의 개인적인 견해였을 수 있다. 하지만 세상을 살아갈수록 독뿐만 아니라 인생의 적지 않은 부분에 있어 교수가 했던 그 발언에 나의 공감이 늘어만 간다. 우리는 결국 사용하는 에너지의 전체 양을 줄여가야 하는 것이 우리가 처한 위기의 여러 정답 중하나이지 않을까.

텔레비전의 에너지 효율이 과거 어느 시점에 비해 50% 정도 개선되었다면 우리는 그 어느 시점에 비해 50% 이상 화면이 큰, 그래서 전력을 과거보다 더 소비하는 텔레비전을 사용하고 있는 것이다.

. . .

바꾸어 얘기하면 우리의 안위에 대해 중요하지 않은 에너지의 사용들로 인해 탄소를 대기중에 배출하며 위협을 만들고 있다는 말이다.

에너지와 자원

에너지와 자원

인구의 도시 집중

UN의 2018년 자료에 의하면 세계 인구 55% 정도가 도시 지역에서 살고 있으며 그 비율은 계속 증가하고 있다(United Nations, 2018). 사람이 많이 모여 사는 도시는 일인당 에너지 사용이 도시 외 지역에 비해 적다. 이것은 에너지 사용 중 큰 비중을 차지하는 주거건물과 교통수단에 있어 도외 지역보다 일인 기준으로 작은 수치가 나오기 때문이다.

도시는 냉난방 에너지 사용에 있어 열손실이 적은 밀집된 주거 형태이며 공공기관, 병원, 시장, 마트와 같은 사회기반시설 및 편의시설의 거리가 가까워 필수적으로 이동해야 하는 거리가 도외지역에 비해 짧다. 시장과 마트의 거리가 가까워 생필품의 확보가 비교적 쉽기에 필요한 만큼의 양을 자주 산다. 그런데 주거공간은 교외지역보다 제한되기 때문에 냉장고처럼 에너지가 필요한 개인의 생필품 저장 공간 역시 작아진다. 또한 복잡한 도시 환경 등으로 인해 에너지 효율이 높은 공공교통 수단이 잘 발달되어 있고 이용률이 높다.

일인기준이 아닌 단위면적 기준으로 보았을 때 도시는 인구 밀도가 높기 때문에 도외지역에 비해 훨씬 많은 양의 에너지와 자원이 소모되는 곳이기도 하다. 또한 사람들이 모이다 보니 넓은 땅 면적이 필요한 식품(채소, 과일, 곡류, 육류 등)의 생산보다는 높은 건물에서 가능한 병원, 금융, 사무업 등의 서비스업 환경 위주로 조성되어 있다. 그리고 서비스업을 위한 많은 자원과 시설, 인원이 집중되어 있기 때문에, 역설적이게도 재난 상황이 닥쳤을 때 피해 규모가 커지기 쉬운 곳이기도 하다. 동시에 생존에 필요한 농수산 식품(채소, 과일, 곡류, 육류 등)의 생산지 및 가공식품 생산 시설은 지역의 밖에 위치하기 때문에 운송체계에 문제가 발생했을 때 쉽게 혼란이 일어날 수 있다.

이러한 도시의 특징은 공간을 공유하는 것에서 비롯된다. 전기, 물 등의 서비스가 제공되는 데 필요한 물리적 거리를 더 많은 사람이 공유하여 전선과 관로의 일인당 설치비 및 유지비가 낮아지며, 도로, 공원, 공공도서관 등의 공유로 높은 질의 인프라시설을 이용할 수 있다. 반대로 공유하지 않아야 할 것들도 공유를 하게 되는데, 전기와 수도의 제공에 필요한 거리를 공유하며 얻은 이점이 있는가 하면 공유된 만큼 문제에 노출되었을 때 피해도 공유하게 된다. 공사의 여파, 폭우로 인한 침수로 도로가 통제되었을 때 더 많은 사람이 피해를 입게 되며, 도로를 사용하는 많은 사람들의 공간 사용으로 인해 교통체증, 소음 등이 더 빈번히 발생하고, 공동주택의 공간 밀집으로 인해 다른 가정의 소음도 공유하게 된다. 또한 개인 간의 거리가 가까워지며 코로나와 같은 전염병의 발생 시 개인시점에서의 전염 가능성 역시 증가하게 된다.

전염병과 같은 이슈 이외에도 공유함으로 부정적인 영향을 미치는 것 중 환경과 관련된 것은 열이다. 일인당 에너지 사용량이 적은 것과 별개로 단위면적당 에너지, 자원 사용의 절대량은 매우 크다. 에너지의 사용은 대부분의 경우 사용할 수 없는 에너지를 열로 발생시키는데, 단위면적당 에너지가 커질수록 주위 환경으로 방출되는 열에너지의 양 또한 증가한다. 도시의 여름에 발생하는 차량에서의 열과, 건물에서 사용되는 냉방시설 실외기 열, 거기에 더해 아스팔트와 돌 소재의 구조물이 태양빛을 받아 뜨거워졌다가 발산하는 복사열 등이 모두 더해져 도시의 열섬 현상을 발생 및 가중시킨다.

도시의 열섬 현상이 심각한 문제가 될 수 있는 이유는 우리가 기후변화로 인해 온난화되는 세상에 살고 있기 때문이다. 온난화로 인해 우리는 과거보다 더 더운 날을 더 자주 맞이할 것으로 예상된다. 높아지는 기온은 냉방시설의 사용을 증가시키고 도시 구조물의 복사열 방출을 유도하는 환경 양의 되먹임(positive feedback) 또한 증가한다. 예를 들어 섭씨 26도의 실내온도를 유지하는데 섭씨 35도의 외부기온이라면 에어컨이 9도 이상(건물 내부는 각종 기기와 건물 내부 사람들로 인해 자체적으로 추가적인 열이 발생한다)의 차이를 만들 에너지를 사용하지만 외부기온이 40도로 증가한다면 14도 이상의 차이를 만들 에너지를 필요로 하게 된다. 그리고 에어컨 사용 에너지에서 파생하는 열에너지는 섭씨 40도에서 발생하는 구조물의 발열에 더해 40도의 외부 기온을 더욱 증가시키게 되는 것이다.

현재 우리는 환경적으로 기후온난화가 진행될수록 가혹한 환경에서 살아남기 위해 화석연료 기반 에너지를 사용하며 기후온난화를 가속화시키는 양의 되먹임을 더 빨리 돌리게 된다. 기후 온난화로 인한 물부족 및 가뭄, 산불, 수해, 온대성 전염병 증가, 열질환 등 많은 피해가 있지만 그중에서 열질환에 대한 대응만으로도 화석연료를 소모하여 냉방시설을 사용한다. 열질환의 피해를 줄이기 위한 이 방법은 현재로선 온실가스를 발생시키며 슬프게도 역시 화석연

료 소비로 대응하게 되는 나머지 피해들을 악화시키는 결과를 가져
온다.

에너지 사용, 신재생에너지, 에너지 효율

우리는 에너지의 대부분을 운동에너지, 열에너지, 그리고 전기에너지 형태로 사용하고 있다. 운동에너지가 사용되는 기계의 대부분은 화석연료나 전기에너지로 운동에너지를 만들고, 열 에너지 역시 화석연료와 전기에너지를 바탕으로 한다. 온실가스를 줄이고자 한다면 결국 전기에너지에 의존을 하게 되는데 전기에너지의 사용량은 거의 매년 증가하는 추세였다—코로나로 인한 경제인구 활동 감소로 전기 소비량이 2019년부터 감소하여 2021년 전력판매량은 2017년과 비슷한 수준(한국전력공사, 2021). 이에 대해 인구가 증가하니 에너지가 증가하는 거라고 봐야 한다고 생각할 수도 있다. 우리나라의 일인당 에너지 사용량은 증가를 해 왔다. 그렇기에 인구가 감소하는 경우가 아니라면 에너지 소비는 반드시 증가를 했을 것이고 그에 따른 온실가스의 증가가 없을 것이라 보기는 힘든 것이다.

어쨌든 온실가스 배출을 감소시키기 위해서는 전기 에너지 의존도를 높이고 전기의 에너지원을 신재생에너지로 전부 전환하면 되는 일이지만, 신재생에너지 주요공급원인 태양광 패널 등이 충분히 공급될지의 문제를 차치하더라도 여러 문제가 남는다. 우선 태양광 패널을 설치할 입지의 문제로 태양광 설치를 위해 무분별한 개발로 임야가 피해를 입는다는 얘기가 있다. 그리고 태양광 패널에서 중금속이 흘러나오며, 그 밖에 태양광 패널 설치 후 작물 생장이 피해를 입는다는 등의 얘기들도 있다. 여기 이 책에서는 다루지 않지만 이러한 이야기들에는 피해의 진위여부와 인과관계, 그리고 산림 피해를 일으키는 원인이 규제와 기준이라는 등, 세부 내용에 대한 아직 명확히 밝혀지지 않은 여러 가지 논란이 있다.

결국 이러한 논란들로 인해 온실가스 배출로 인한 피해와 태양광 패널 설치의 피해 사이에서 현재 개인들은 각자가 태양광 설치 선택에 대해 저울질해야 한다. 화석연료의 사용으로 인해 날씨보다 더 큰 개념인 기후가 변하고 있다. 그리고 기후변화는 우리 생태계를 현재도 뒤흔들고 있다. 생태계의 한 일원일 뿐인 꿀벌 개체수가 급격히 감소하고 있는데 이는 작물의 결실에 큰 영향을 미친다. 이러한 사실에도 불구하고 태양광은 작물의 생장에 영향을 주기 때문에 반대한다면, 개인적인 생각으로는 내 근처에는 안 된다는 님비현상이며 기후변화로 결국엔 피해 입게 되는 조삼모사로 보인다. 이 님비 현상을 좋지 않게 볼 수도 있다. 우리는 윤리나 도의적으로 좋지 않게 볼 수는 있지만 현재로서는 결국 헌법이 정하는 행복할 권리에 해당한다고 생각한다. 무게만 다를 뿐 그 권리로 기후변화에서 발생하는 피해를 줄이거나 막기 위해 태양광 설치를 원할 수도 있다는 것이 아쉬울 뿐이다.

태양광 설치로 인한 산림의 피해는 제도와 법에 관한 부분이 크다. 태양광 전력의 가격 생산성을 위해 국유지인 산림에 태양광을 많이 설치한다. 문제는 산림의 경사도가 심한 곳에 설치를 함으로써 지반을 지탱해줄 식물이 없어지며 경사면 붕괴가 종종 발생하는 것이다. 분명 태양광 설치 경사면이 될 수 있는 기준을 붕괴되지 않을 어떠한 근거를 바탕으로 정했을 것이다. 하지만 정권이 바뀌고 태양광 장치를 다루는 기업 등 어느 특정 집단의 이익을 위해 기준이 완화되거나 바뀌며 이런 문제가 발생한다.

태양광의 다른 이슈는 몰라도 산림 자체 훼손의 문제는 곰곰이 생각을 해봐야 하는 부분이 있다. 우리는 왜 개발을 위한 그린벨트 해제 등을 비롯한 산림의 훼손에는 태양광으로 인한 것만큼(개발로 훼손된 지역 산림의 중요도가 더 높고 영향이 훨씬 큼에도 불구하고) 적극적이지 못한 것인지, 산림의 훼손이 걱정되는 사람이 많다면 환경에 대한 그 걱정의 목소리 크기를 반영해 건물, 도로, 주차장 등 대지용도의 태양광 설치가 되어 있는지를 고민해봐야 하지 않나 생각한다.

개인적인 결정에 있어 태양광과 같은 신재생에너지의 설치 및 사용이 현실적인 어려움을 겪을 때, 전기에너지 사용량은 결국 다른 에너지원에 의존할 수밖에 없다. 공급 부분에서의 해결책이 마땅치 않다면 온실가스의 감축을 위해 에너지 소비 부분에 눈을 돌려봐야 한다. 신재생에너지 공급 부분에 해당하는 위의 언급된 문제들이 기적적으로 해결되어 신재생에너지로의 큰 전환이 가능하다고 해도 소비에서의 절감은 반드시 필요하다고 본다. 현재로서 우리는 에너지 사용량을 줄이는 데에 결코 작지 않은 비중을 둬야 한다는 얘기다.

여기에는 일반적으로 아무나 할 수 있는 두 가지 방법이 있다. 하나는 편리함의 매력에 젖은 나를 포함해 대부분의 사람들이 좋아하지 않을, 에너지 소비 절감을 위해 제품이나 서비스의 사용을 중단하는 것이다. 다른 하나는 에너지 소비 효율이 높은 물건을 사용하는 것이다. 안타깝게도 제본스의 역설(에너지 효율이 좋아질수록 에너지 소비 총량은 늘어난다)에 의해 설명되는 현실을 보면 에너지 효율이 높아질수록 에너지 사용의 총량은 늘어나고, 실제로도 일인당 에너지 사용은 증가해 왔다. 예를 들어, 텔레비전의 에너지 효율이 과거 어느 시점에 비해 50% 정도 개선되었다면 우리는 그 어느 시점에 비해 50% 이상 화면이 큰, 그래서 전력을 과거보다 더 소비하는 텔레비전을 사용하고 있는 것이다. 그리고 우리는 높아진 텔레비전의 에너지 효율에 만족해하며 홈 시어터 등의 별도 기기를 구매하여 사용하기도 한다. 다시 말해 텔레비전의 화면 단위면적당 에너지 효율이 50% 개선되었을 때 우리는 기기 화면 면적을 60, 70, 80%로 늘려 전기 소비의 절대량을 증가시키며, 별도의 기기들을 통해 한번 더 에너지 소비량을 증가시키는 것이다. 결국 에너지의 효율이 좋은 기기를 구매한다면 에너지 소비 절대량의 비교를 할 수 있는 스마트한 소비자가 필요하다.

온실가스의 배출 감축을 위해 필요한 것은 에너지 효율 개선, 신재생에너지의 발전뿐만 아니라 결국 그 신재생에너지 발전을 도모할, 그리고 에너지 효율 개선의 효과를 소비절대량 증가로 이끌지 않을 우리의 마음가짐과 행동이다. 효율이 좋아진 텔레비전, 냉장고 등의 가전제품과, 연비가 개선된 차를 구입하는 것이지, 보다 더 큰 텔레비전, 냉장고를, 또는 더 큰, 더 빠르게 달릴 수 있는 차를 구입하는 것이 아니라는 얘기다. 그렇다고 무조건 크고 빠른 물건을 구하지 않아야 한다는 것은 아니다. 어렵게 들릴 수도 있지만 소비자의 현명한 선택을 기반으로 정말 필요한 제품과 차를 구입해야 한다. 제품을 구매함에 있어 우리 각자는 그 필요가 개인적 감성을 만족시키기 위한 것인지, 기후변화를 막으려는 이유처럼 생활의 필요성에 의한 것인지 각각 판단을 하고 타인에게 최대한 피해를 주지 않을 결정을 해야 한다.

탄소발자국

자동차 운전 습관에 관해 누구나 아는 많이 알려진 사실들이 있다. 급가속, 과속 등을 하게 되면 자동차의 연료 효율이 떨어진다. 내연기관 자동차의 주 연료인 휘발유나 경유가 더 사용된다는 말이다. 예를 들어 급가속, 과속 등을 하게 되면 일반적으로 10km 갈 수 있는 기름의 양으로 절반인 5km 정도도 달리지 못하게 되기도 한다. 운전자가 본인의 돈으로 기름을 차에 채우고 사용하는데 무슨 상관이냐고 생각하는 사람이 아직도 있을 수 있다. 환경에 관련이 없다면 나도 그렇다고 생각하겠다. 나 한 명이 그런다고 뭐 큰 차이가 있냐 생각할 수도 있다. 그럼 '나 하나 쓰레기 버린다고 뭐가 피해가 생기나'와 비교한다고 하자. 자동차 연료효율에 관련한 운전습관의 경우 법적인 제재가 아직 만들어지지는 않았지만 쓰레기 투기는 적발 시 벌금을 물게 된다. 이는 어느 정도의 다수가 쓰레기를 투기하면 대다수의 사람에게 피해를 주며 한 사람만 쓰레기를 버리더라도 불특정 다수가 피해를 입는 문제가 되기 때문이다. 자동차 배기가스도 다르지 않다.

배기구, 머플러라고도 하는 자동차 후미에서 배기가스를 배출하지 않는 전기차, 수소차 등을 이용한다면 이런 타인에 대한 피해 문제에서 자유로워질 수 있지 않을까? 당연히 아직은 그렇지 않다.

우선 배기가스를 발생시키는 연료에 비해 전기차는 직접적으로 배기가스를 배출하지는 않는다. 하지만 우리가 집에서 전기를 사용할 때 배기가스가 배출되지 않는지 생각해보면 전기차가 배기가스와 무관한지 알 수 있다. 안타깝게도 2021년 11월 기준으로도 전기 생상 중 신재생에너지는 6.8%로 전체발전의 10%가 되지 않으며, 화석연료가 63.2%, 안전문제와 폐기물이라는 또 다른 높은 환경위험성을 가진 원자력은 28.9%이다(한국전력공사, 2021). 대부분의 전기차는 90% 이상, 혹은 원자력의 안전이슈는 온실가스와 큰 관계없다 보고 양보를 해서 제외한다고 해도 환경 또는 환경과 관련된 안전문제에 60% 이상의 책임이 있다고 볼 수밖에 없다.

수소자동차 역시 온실가스로부터 자유로울 수 없다. 부생수소라고 하는 온실가스로부터 그나마 자유로운 수소가스는 생산량이 많지 않다. 증기개질법이라는 방법에 의한 수소 생산이 대부분인데, 증기개질법에 화석연료 같은 일차에너지를 사용한다면, 화석연료를 태워 수소연료를 생산하는 것으로 에너지 효율의 문제가 있으며 온실가스가 발생한다.

우리가 일상에서 사용하는 물건들도 화석연료를 연소하여 사용하는 것이 아니라면 직접적으로 온실가스를 발생시키지만 않을 뿐이지 수소연료와 크게 다르지 않다. 물건이 소비자의 손에 들어오기까지의 과정은 간단하게 생산과 유통의 과정이 있다. 생산과정을 좀 더 들여다보면 원재료의 채취, 운반, 가공, 조립 등이 있는데 채취 과정에서 기계를 사용한다면 화석연료 기반인 현재 상황에서는 온실가스를 배출로 인해 탄소발자국이 발생한다. 운반과정에 내연기관 동력의 운반수단이 이용된다면 당연히 제품의 탄소발자국이 발생하며, 가공과 조립은 대부분 에너지를 필요로 하는 기계로 자동화되어 있기 때문에 탄소발자국이 발생한다. 무거운 물건의 생산이 항상 탄소발자국을 더 내는 것은 아닐지 모르지만, 일반 내연기관차에 비해 200~300kg 정도 더 무거운 전기차와 수소차의 생산에서 더 적은 온실가스의 발생을 기대하기는 어렵지 않을까?

가공과 조립과정의 탄소발자국 감소에는 무엇이 도움이 될까?

기계 사용이 최소인 수제방식 생산 제품으로 쉽게 떠올릴 수 있는 수제화의 경우를 보자. 가죽으로 신발을 만드는 데, 재봉틀과 같은 기계의 힘을 어느정도 빌린다고 해도 다행히 전체과정에서는 사람의 노동이 주된 동력원이다. 하지만 재료가 되는 가죽생산은 기계의 힘을 빌린다. 우선 동물의 사체에서 가죽의 원재료를 가죽 가공공장까지 운반하는 과정과 수제화를 제작하는 장소까지의 가죽을 운반하는 과정에서 발생하는 탄소발자국이 있을 것이다. 그리고 가죽의 생산 과정에서 '수적'이라는 가죽의 오물이나 혈액을 제거하기 위한 과정, 가죽을 외피와 내피로 분리하는 과정 등에 기계가 사용되고, 염색을 하고 부드럽게 하기 위해 여러 화학물 처리 과정을 거친다. 그리고 화학물의 생산과 운반에는 당연히 탄소발자국이 발생한다.

　대부분의 제품은 자원과 에너지가 있어야 생산을 할 수 있다. 음식을 포함하여 내가 현재 생각할 수 있는 탄소발자국이 발생하지 않는 것에는 비료나 농약 없이 집 마당의 텃밭에서 키운 채소와 과일 정도가 있다. 우리는 탄소를 발생시키지 않고 살아가기가 매우 힘들다. 산업혁명 이전의 가축이 논밭을 갈고 사람이 농작물을 모두 수확하는 삶으로 돌아가야 한다는 이야기를 하려는 것이 아니다. 산업화의 힘으로 농작물 생산량이 증가하고 위생, 보건 분야의 질이 높아져 인구가 크게 증가한 지금, 산업혁명 이전의 삶으로 돌아가 사람들의 안전에 위협을 발생시킬 수는 없는 노릇이다.

　식량생산, 위생, 보건을 무시하고 과거로 돌아가는 것은 사람들의 안전을 위협하는 것으로 우리 자신을 위협으로부터 지키기 위한 환경 문제 해결책에 모순만 발생한다. 우리는 우리가 현재의 제품과 에너지를 더 사용할수록, 우리에게 닥칠 위협이 더욱 힘을 키운다는 것을 기억하면 된다. 사용하지 않음으로써 해를 입게 되는 부분과 사용하게 되면서 해를 입는 부분을 인지할 수 있다면 우리 대부분은 자신에게 해가 될 행동을 자연히 피하려고 할 것이고 이 과정을 통해 우리는 환경의 문제 해결에 나아갈 수 있을 것이라 본다.

생산과 소비의 세상

자본주의 사회, 충분한 자본이 있다면 이 단어의 의미가 주는 느낌은 참 달콤한 것 같다. 하고 싶은 것을 대부분 가능하게 할 수 있는 충분한 자본을 가진 누군가는 법에 저촉되지 않는 한 편리함을 위한 셀 수 없이 많은 것들을 공식적으로 할 수 있다(안타깝게도 자본으로 법에 반하는 공식적이지 못한 일들을 하는 사람들도 있다). 그리고 이런 현재상태의 '법'은 공공재화의 소비에서 발생하는 환경에 대한 영향에 대해서는 아쉽게도 아직 그리 많은 부분을 책임지지 않고 있다. 강제력은 거의 없는 탄소배출권 거래제, 탄소세 도입 등 환경에 대한 책임은 이제(UNFCCC 이후 약 30년, 교토의정서 25년 이후인 2022년 현재) 겨우 본격적으로 시작되고 있는 모양새이다.

민간에서 이런 환경에 대해 그나마 가장 움직임이 활발히 일어나고 있는 분야는 화석에너지를 주 연료로 사용하던 자동차 업계이다. 국가마다 그 시기와 정도가 다르지만 특정시기부터는 전기차의 생산을 의무화하고 내연기관 차의 생산을 금지하여 직접 발생하는 온실가스의 배출을 없애는 것이 주 목적이다. 이 부분에서 나에게 드는 의문은 '현재의 자동차 에너지원을 모두 전기로 대체했을 때 그로 인해 발생하는 추가적인 전기 소비 증가량은 얼마이며 발전 재원을 어떻게 계획했는가', '그 계획의 실행은 온실가스를 배출하는 화력발전소 등의 추가 외의 방법으로 이행되고 있는지', '이로 인해 내연기관에서 전기구동체로의 전환이 결과적으로 전체 온실가스 감축으로 이어지고 있는 것인가' 등이다. 환경문제 해결을 위해 새로운 체제로 소비를 장려하면 온실가스가 줄어들어 현재 문제가 정말 나아질까?

우리나라에서 1차에너지 공급량 중 화석연료의 비중은 2019년 기준 83.5%이다(한국에너지공단, 2021b). 2019년 기준 6% 정도인 신재생에너지가 크게 성장하지 않는다면 전기차의 구입은 80% 정도의 높은 확률로 추가적인 온실가스를 발생시키며, 사용은 자동차 엔진에서 직접 태우던 화석연료를 앞의 글에서 말한 것처럼 60% 이상의 확률로 보이지 않는 곳에서 태워 전기의 형태로 자동차를 움직이게 할 뿐이다. 혹시 화석연료를 태우는 것이 아니라 해도 그 다음으로 높은 확률은 원자력 에너지이며 신재생에너지가 되기는 어렵다. 다른 제품들도 마찬가지이다. 집에서, 공장에서, 사무실에서 화석연료 대신 전기를 사용한다고 해도 소비되는 에너지의 공급원이 바뀌지 않는 이상 온실가스가 발생하지 않는 게 아니다.

우리나라의 전기 판매량 중 주택용은 2020년 기준 15%이고 일반용과 산업용은 각각 22%, 55% 정도를 차지한다(한국전력공사, 2021). 우리나라는 전기를 아끼자는 차원에서 누진세를 적용한다. 단, 2022년 현재에도 전체 전기사용 15%쯤에 달하는 가정용에만 적용된다. 누진제는 1973년 석유파동 때 에너지 절약과 저소득층 보호를 위해 시행되었다고 한다. 과거에는 어땠을지 모르지만 현재 가정용은 고작 15%이고 영업용과 산업용이 총 전력 소비의 80%에 달한다. 그러고 보니 누진세는 마른 걸레를 쥐어짜는 모양새다. 그리고 저소득층은 누진제가 적용되는 전력량 사용 범위와는 거리가 멀다. 혹, 검침이나 누전 등 오류 때문에 저소득층이 누진제 구간에 적용되어 많은 돈을 내게 된다면 오히려 누진제가 문제가 되는 상황이 된다. 또한, 혼자 살며 일정량보다 적게 쓰면 전기료가 할인이 되는 것을 개인적으로 겪어 보았는데, 저소득층을 위한다면 이런 구간을 더 활용하면 되지 않나 싶다.

어쨌든 전력이나 경제 공부를 하지 않은 나로서는 이해할 수 없는 가정용 누진제의 이유를 뒤로 하고 나머지 전력사용 80%를 차지하는 그룹엔 왜 누진제를 적용하지 않는지 짐작할 수 있는 부분은 있다. 일반용과 산업용, 이 두 그룹은 자유시장 체제에서 경제발전의 축을 이루는 곳들이다. 이 그룹들이 사용하는 전기료를 인상하면 그 인상분이 경제에 부담을 준다고 한다. 뉴스에서도 전력 산업 관계자로부터 그런 얘기를 종종 듣기도 했다. 그래서 우리는 더우면 집에서 에어컨을 켜고 있기보다는 쇼핑몰을 가게 되고, 일을 할 때면 적절함을 넘어 아주 편안하고 쾌적하다 못해 누군가에게는 개인 차로 인해 춥기까지 한 환경을 조성하기 위해 사무실의 냉방을 아끼지 않는다. 그렇게 우리나라의 주 종목인 제조 산업에 더 박차를 가할 수 있고, 쇼핑몰에 방문한 김에 물건을 하나 더 사 소비를 촉진시키게 된다.

더 잘 먹고 잘 살자고 하는 데에는 내가 뭐라고 할 이유도, 마음도 없다. 나 자신도 잘 먹고 잘 살고 싶으니까. 다만 잘 먹고 잘 살아야 하는 미래는 끝이 없는 것처럼 달려가는 소비와 제조에 치중한 경제발전으로는 보장되지 않는다는 것이다. 어떤 것을 80~90% 정도의 수준으로 올리기는 비교적 크게 어렵지 않다. 힘들지만 어느 정도의 노력을 한다면 그 정도의 수준은 올라갈 수 있다는 얘기다. 짧은 내 경제 식견에는 OECD에도 들고 세계에서 알아주는 기업을 가진 현재의 우리나라 경제가, 제조와 소비에 어느 정도 이상의 수준을 이룸에도 불구하고 더 치중하려 하는 것으로 보인다. 소비와 제조를 정말 필요한 정도만 하고 환경에 남은 힘을 돌린다면 잘 먹고 잘 사는 것은 더 잘되지 않을까?

많이 가는 사람과 적게 가는 사람

　직장을 다니던 아침 출근길에 200미터 남짓한 다음 신호에 가기 까지 작지 않은 엔진음과 함께 급가속을 하는 K5차량을 보았다. 처음 신호에 내 차와 나란히 서 있던 그 차량은 신호가 바뀌자 빨간불이 들어와 있는 다음 교차로까지 빠른 가속으로 도착해 멈춰 섰다. 그리고 천천히 가서 2차로에 서게 된 나보다 결국엔 조금 뒤의 1차선에 위치하게 되었다. 차의 가속하는 힘이 주는 기분을 거부하는 것은 본능적으로 분명 어렵다. 그리고 이 본능이 에너지의 효율을 생각하는 이성적인 면으로 쉽게 연결되지 않는 점은 참 안타깝다. 이런 비슷한 현상은 환경을 20년 넘게 걱정해온 내 자신에게도 본능이 이성보다 앞설 때 종종 일어난다. 에너지와 자원의 소비 효율이 높을 수 있게 무언가를 사용하여 환경을 보전하는 일이란 환경으로 고민하는 나에게도 생각만큼 잘 되지는 않는다.

같은 기름으로 많이 가는 차는 사람들이 가장 선호하는 차가 아니다. 1리터의 휘발유로 15km 정도 또는 그 이상을 갈 수 있는 차가 있지만 도로 위 대부분의 차들은 같은 양의 기름으로 훨씬 짧은 거리를 가는 것들이다. 15km 정도의 연비는 경차와 하이브리드 차량이 있다. 당연히 사람들은 안전성, 디자인, 가속능력, 편리함, 내부 공간, 자기 표현 등등 다양한 이유로 경차나 하이브리드 이외의 차를 많이 선택한다. 하지만 자동차의 가상 기본적인 존재 이유는 (현 시대의 많은 가능한 선택 조건으로 인해 어쩌면 이제는 '이유였던') 이동 수단이라는 것이(었)다.

이 존재 이유를 넘어 이제는 소비자들이 차를 고르는 이유가 매우 다양하며 복잡하다. 무슨 이유더라도 결국에는 만족감으로 귀결되기는 하지만 말이다. 차량이 많은 복잡한 도시의 도로에서 운전을 힘들어하거나, 힘들지는 않지만 차의 큰 덩치가 번거롭고 짐을 싣거나 더 많은 사람을 태울 필요가 없어서 경차 또는 작은 차를 택하는 그룹, 연료를 얼마나 아끼느냐 혹은 같은 양의 연료로 얼마나 더 멀리 갈 수 있는지에 따라 경제적으로 선택하는 그룹, 차를 타고 느낄 수 있는 만족감을 위해 쾌적함, 가속능력, 안락함 등을 위해 높은 가격의, 빠르게 달리는, 크고 기능이 많은 차를 구입하는 그룹 등 많은 선택의 폭이 있다. 하지만 이 많은 이유 중 선택 이유의 비중이 결코 작지 않은 그룹은 차를 구입할 경제력일 것이다.

자본주의 자유시장 환경은 타인에게 피해를 주지 않는 법으로 정한 범주 안에서 경쟁을 한다. 그리고 그 보상으로 자유롭게 쓸 수 있는(역시 법으로 정한 범주 안에서) 재화를 얻는다. 충분한 재화를 가진 이들 중 소수(절제를 미덕으로 삼거나 자유로운 소비에 대해 윤리적인 이유를 가진)를 제외한 대부분의 사람들은 자신이 가진 경제력의 범위 안에서 혹은 종종 그 범위를 넘어 차를 선택(카푸어)한다. 그리고 그렇게 선택한 차의 대부분은 소유자의 만족감을 충족시켜준다. 비싼 차일수록 각종 편의 기능과 가속능력 또한 대체로 좋아진다. 하지만 연비는 대체로 낮아지는 편이다. 이러한 차를 구매하는 이유 중 하나로, 규정 속도를 위반하지 않으면서도 더 빨리 가속하여 목적지에 도착하는 시간을 아끼는 데 가속능력이 도움이 된다고 주장할 수도 있다. 하지만 제로백이라는 기준으로 조금 생각해보면 설득력도 약하다.

　　차가 다니는 고속도로가 아닌 대부분의 공간은 교통신호 체계가 있고 시내 구간은 시속 50~60km, 국도는 대부분 시속 80km 속도 제한이 있다. 제로백이 짧은 스포츠카의 경우 3초 내외이며 보통은 7,8초대 그리고 그렇지 못한 차도 10초를 많이 넘지 않는다(경차의 경우 15초 정도). 단순하게 일정한 가속력을 가정(스포츠카는 시속 50km까지 제로백의 절반인 1.5초, 경차는 7.5초)하면 시내의 경우 제한속도까지 최고 스포츠카와 경차는 6초 차이가 난다. 고급 차의 경우 제로백은 5~6초대이며 일반적인 준중형차도 대부분 10초를 넘지 않는다.

이 경우 시내 속도제한까지의 가속 성능 차이는 2초를 넘기 힘들 것이다.

이 2초의 차이로 신호대기 10번 정도 중 운 좋게 2번 정도 신호대기를 줄일 수 있다고 가정하면 약 2분 정도를 절약할 수 있지 않을까 한다. 막히는 도로는 가속이 의미가 없으며 막지지 않는 도로라도 신호대기 횟수는 줄이기 쉽지 않다. 20분 정도 거리를 가속력이 좋은 차로 마음대로 가속하며 가는 것과 일반적으로 운전하여 가는 것은 경험적으로 1분여 차이가 나거나 그보다 적게 나는 경우가 대부분이었다. 그렇지 않은 경우는 잠깐 사이에 공사로 차량 통제에 묶이거나 사고 등으로 길이 막히거나 하는 특별한 경우뿐이었다.

줄일 수 있을지 없을지 모르는 시간을 위해서, 급가속 능력에 적지 않은 사람들이 내 경험상 30% 이상의 연료를 더 소비한다는 사실은 이성적으로 생각해 본다면 환경적인 이유가 아니더라도 공감하기 쉽지 않다. 결국 빠른 가속력 성능은 감정, 또는 감성적인 부분에 어필을 한다고 봐야 한다. 애초에 빠른 이동 수단의 상위 목적 또한 편리함(남는 시간의 휴식)이거나 시간을 절약함으로써 개인적인 이득을 취함이 주요 목적일 것이다. 감정을 가진 인간으로서 이성적으로 판단하고 행동하는 것은 앞에서 말했듯 쉬운 일이 아니다. 그리고 그것을 꼭 금지해야 하는 것도 아니다. 단, 현재와 같은 환경이라는 이유로 이성적인 판단이 점점 필요해지는 경우라면 이야기가 다를 수도 있지만 말이다.

전체 온실가스 배출 원인의 30~40%를 차지하는 내연기관 기계를 선택하는 문제에 대부분의 사람들이 이성적인 판단을 했다면 도로 위 풍경은 현재와는 꽤 달랐을 것이라 장담한다. 오늘 밤도 기분 좋은 시원한 가을 저녁 공기와 함께 창으로 넘어오는, 차 없는 도로를 달리는 저 스포츠카의 굉음이 내게 복잡한 감정을 자아낸다.

차 구매욕과 환경

운전을 하거나 혹은 종종 좋은 차를 보며 나도 비싸고 좋은 차를 타고 싶다는 본능을 느낀다. 첨단 기술이 적용된 각종 편리함, 그리고 고급 차 브랜드에 대한 기술, 안정성, 승차감 그리고 신뢰감 등 여러 이유가 주는 즐거움…. 하지만 하루에도 몇 번씩 지나가는 좋은 차를 보며 본능이 일어날 때마다 머리는 이런 생각을 한다. '지금 소유한 차도 환경에 이미 좋지 않은 영향을 주는데 다른 차를 타려고 한다면 그것이 새 차든 중고차든 에너지와 자원을 더 사용하게 될 것이고, 결국 현재의 환경에 불필요한 영향을 더하게 된다.' 본능과 머리가 반대되는 일 때문에 나는 이런 고민처럼 약간은 슬프고 씁쓸한 감정을 느낀다.

가지고 있던 것, 쓰던 것을 낡았다는 이유로 버린다는 것은 새것이든 아니든 그것을 대체할 것이 필요하다는 얘기다. 기기가 망가져서 제 기능을 못하는 것이 아닌 물건이 오래되고 지겹다는 이유로 교체를 한다는 것은 내게는 개인적으로 슬픈 일이다. 가만히 생각해 보면 나 자신의 경우도 그러지만, 결국 본능을 이기지 못한 몸이 생각을 지배하기 때문에 이런 일들이 일어난다. 편리함, 새로운 것 등의 감정 공격에 나조차 그만큼 이성적이기 힘들다는 것이고, 다른 말로는 많은 사람들이 새롭고 더 좋아 보이는 것을 원하는 상황을 맞는다는 것이다.

차는 완성품이다. 차가 사고가 났는데 기적적으로 한 개의 문만 크게 파손되었다고 하자. 대부분의 승용차의 경우(엔진이 뒤에 달린 차도 있다. 그리고 그런 차들은 비싼 스포츠카로 대부분 남자들이 좋아한다) 차가 달리는 데 필요한 주요 장치들은 운전자의 앞쪽 부분에 있다. 그렇기 때문에 차가 달리는 데에는 문제가 없다. 하지만 완성도를 기준으로 문을 하나 교체하거나 수리한다고 할 때, 차의 이음새가 일정하지 않은 단차(段差) 같은 주행 안정성 등과는 크게 관계없는 문제들이 발생할 확률은 높다. 때문에 이를 마음에 들어 하지 않는 운전자들은 가능하다면 사고 후에는 새로운 차로 교체를 고민하는 경우가 많다.

우리나라에서 남성은 50% 이상이 5년 이내, 80% 이상이 7년 이내에 차량을 교체하고, 여성은 60% 이상이 5년 이내, 90% 정도가 7년 이내에 차량을 교체한다(한국교통연구원, 2014). 폐차가 되는 차량의 평균 수명은 약 15년이다. 50% 이상의 사람들이 차 평균 수명의 3분의 1도 안되어 다른 차로 교체하고 80% 이상은 절반이 안되어 다른 차를 구입한다는 얘기다. 이런 사람들이 타던 차가 중고차 매물로 나와 차는 필요하지만 신차를 구매하기에 예산이 넉넉하지 않은 사람들이 차를 타는 데 도움이 되지 않느냐 할 수 있다.

차를 정말 필요로 하는 사람이라면 필요 정도가 구매를 하는 데 결정요소가 된다. 감성, 소유욕, 여행, 이동 편리성, 캠핑 등, 차를 무슨 이유로 구매하는지 잠시만 곰곰이 생각해본다면 답이 보인다. 필요하지 않은데 중고차를 구매하는 수요를 환경을 위해 고려해봐야 하는 이유이기도 하다. 신차의 구매가 우리의 환경과 연결되는 중요한 점은 차의 주요 부분이 철로 이루어져 있다는 것이다. 그리고 에너지 소비가 높은 산업 분야 중 하나가 철강 등을 다루는 금속 산업인데, 에너지 사용이 높기 때문에 2020년 기준 산업부문에서 금속은 약 43%의 온실가스 배출 비율을 차지하는 분야이기도 하다 (한국에너지공단, 2021a).

　　차량회사들의 모델 변경 주기는 보통 5년이다. 5년마다 새로운 것을 경험할 수 있다는 것은 거부하기 힘든 매력이다. 차와 같은 물건을 사는 것은 생활에서 매우 큰 부분이 새로워지는 것이다. 그리고 차를 이용해서 우리는 여행이라는 새로운 것을 또 접한다. 차에서 만들어지는 귀로 듣기에도 달콤한 이 새로운 것들이 우리를 조종하게 더 이상 두면 안 된다. 이제 이것들을 우리가 조절할 줄 알아야 한다. 내가 분명히 말할 수 있는 것은 이 조절을 실천하지 않고 우리가 조종당하게 둔다면, 우리는 어떤 새로운 물건보다 큰 이름으로 환경의 새로움을 경험하게 될 것이라는 것이다. 그리고 환경의 새로움 대부분은 즐거움이 아닌 우리가 원하지 않는 피해라는 이름으로 찾아올 것이다.

우리의 양심과 사회정의 - 환경

하는 일에 비해 내가 과분한 보수를 받고 있다 느낀다면, 나는 우선 양심의 가책을 느낀다. 하지만 곧 이내 많은 보수에 즐거움을 느끼며 불편한 양심의 가책은 뒤로 하기 매우 쉽다. 보수가 좋은 일을 하는 대부분의 많은 사람들은 사회적 정의를 잘 지키지 않는다(적어도 한국 내에서는)고 느낀다. 이런 내 생각이 틀렸다면, 일의 보수가 많은 대부분의 사람들이 사회적 정의를 잘 지킨다면, 사회적 정의 중 하나인 환경 분야로 인한 피해의 감소세가 내 개인적인 눈에 보여야 한다고 생각한다. 경제력이 힘인 자본주의 자유시장 사회에서 힘을 가진 많은 사람들이 자신들의 힘을 환경과 같은 사회 정의를 위해 충분히 쓰고 있다면, 지금의 악화 일변이기만 한 환경 문제의 추세는 원인 모를 불가사의가 되기 때문이다.

> "모든 이에게 자유를 완벽하게 누리게 할 수 있어야 하며, 빈곤한 사람들의 복지를 우선으로 배려해야 한다. 또한, 결과의 불평등은 존재하되, 모든 사람에게 기회는 균등하게 주어져야 하는 것이 정의의 원칙이다."
>
> —John Rawls

환경에도 적용되지만 사회 정의와 관련하여 위에서 말하는 존 롤스의 생각이 모든 상황에서 반드시 지켜야 할 정의라 생각하지는 않는다. 그럼에도 그가 말한 '모든 사람에게 기회는 균등하게'의 부분이 평등을 추구하는 민주사회의 중요한 가치 중 하나인 것은 논란의

여지조차 생각할 수 없다. 잊을 만하면 들려오는 고위 공직자 자녀의 대기업 부정취업 사건들은 열심히 노력한 사람들에게서 균등한 기회를 앗아간다. 그리고 그렇게 채용된 인재는 더 효율적인 인력의 채용을 방해하며 단체나 기관의 업무 능력을 감소시키게 된다. 이런 일이 공공물로 여겨지는 기관에서 발생하면 공공자산에 대한 손해도 일으키게 된다. 안타깝게도 이런 종류의 일들은 현재 주위에서 어렵지 않게 찾을 수 있을 것으로 예상된다.

이런 기회가 내게도 주어진다면 나는 그 기회를 거부하고 사회정의를 위해 당당히 돌아설 수 있는지, 유혹에 흔들리지 않고, 결정에 갈등과 고민을 하지 않고 내가 바라는 대로 나아갈 수 있을지 나도 확신은 없다. 그래서 이런 면에 있어 나는 '깨어 있기'를 갈구한다. 머리로 아는 것은 사회정의이나 육체가 원하는 것은 다른 이들보다 나음, 즉 나의 편의이기 때문에 이성이 깨어 있지 않으면 육체의 유혹에 쉽게 넘어가 돌이키지 못할 경우가 발생하기 쉬운 것이 그 이유이다.

환경은 우리 모두에게 있어 나를 포함한 누군가 지키지 않았을 때 내가 더 불편해지거나 피해를 입을 수 있는, 지켜야 하는 사회 정의의 한 분야이다. 다만 이 환경이 다른 사회 정의와 다른 점은, 현재 우리 사회에서는 발생하는 피해가 반드시 내게 온다는 것이다.

신제품에 대한 구매욕

주말을 맞아 아내와 두 돌 아들, 세 식구가 쇼핑몰을 다녀왔다.
살 것이 있어 간 것이 아니라 4년 반쯤 전 결혼할 때 어머니가 장만
해주신 칼이 있는데, 그 칼 브랜드에 칼 갈아주는 서비스가 있다고
해서 방문했다. 처음 가보는 생긴 지 얼마 되지 않는 쇼핑몰이었는
데 집에서 가장 가까운 칼 브랜드 지점이 이곳이었다. 코로나로 인
한 전산 체크인을 거쳐 건물로 들어가자 아내는 자신이 좋아하는 브
랜드들이 있어 기분이 좋아진 것 같았다. 필요한 구매가 아니면 코
로나로 인해 이전보다 더 쇼핑을 하지 않았기에 가족이 쇼핑몰에 가
는 것이 정말 오랜만이었다.

11시쯤 도착하여 주차를 하고 주차장에서 쇼핑몰 건물 내부를 걸
어 매장을 찾아가 맡기고 나니 많은 일을 한 것도 아닌데 12시였다.

칼을 맡기고 어느덧 점심시간이 되어버려 쇼핑몰에 온 김에 점심을 해결하기로 했다. 많은 것을 바라고 간 것이 아니라 점심을 대충 해결하고 오랜만에 온 아내가 좋아하는(아마도 쇼핑을 좋아하는 많은 사람들 또한 그렇겠지만) 쇼핑몰이니, 구경이든 뭐든 아내가 좋아하는 것을 했다.

한 매장에 들어가 구경을 하기 시작했고 나는 여느 아빠들처럼 내 할 일을 했다. 유모차를 가져왔지만 쇼핑몰에서 대여해 주는 아이가 좋아하는 자동차 형태의 유모차에 두 돌 아들을 태우고 아내가 들어간 매장 근처를 돌기 시작했다. 학교 입학 전의 많은 아이들은 낮잠을 자는데 주로 시간은 점심 즈음이다. 돌아다니다 보니 어느새 아들은 등받이가 뒤로 젖혀질 리 없는 아이용 차 안에서 고개만 옆으로 살짝 꺾은 채 자고 있었다. 아이가 편하게 누울 수 있는 유모차는 엄마가 가지고 있었기에 아내에게 전화를 했다(쇼핑몰을 이리저리 돌아다닌 탓에 시간이 꽤 흘러 처음 갔던 매장에 있을 거란 생각은 하지 않았다). 예상과는 다르게 아내는 아직 그 매장에 있다고 했고 유모차를 확보하기 위해 걸음을 옮겼다.

아내는 좋아하는 그 매장에서 두 벌의 원피스를 구매했다. 백화점에서도 가격이 높은 브랜드였지만 우리가 간 곳은 할인 매장이었다. 나는 비싼 물건의 구매에 대해 긍정적으로 생각한다. 같은 물건이면 비싼 물건을 살수록 품질이 좋아 더 오래 쓰고 아껴 쓰려고 하기 때문에 일반적으로 환경에 도움이 되기 때문이다. 그래서 못 살 건 아니지만 당시 우리 가정 월 수입의 20% 정도에 해당하는 금액으로 적지 않은 금액인 것은 사실이었다. 아내는 장모님께서 마침 가까워진 아내의 생일을 맞아 옷을 사준다 하셔서 그렇게 구매를 하게 되었다고 했다. 다른 사람이 무얼 원하는지에 대해 정말 많이 둔한 나는 아내의 생일을 맞아 그 정도는 내가 해주고 싶다고 했고 장모님께 선구매, 후요청을 하려던 아내는 내 요청을 허락했다.

내 생일은 이미 두 달쯤 지났지만 가지고 있는 것에 만족하고 딱히 생일 선물로 받고 싶은 게 없던 나는 내가 선물로 무얼 받고 싶은지에 대한 아내의 물음에 '원하는 게 없으니 안 줘도 된다'와 '생각나면 알려주겠다'로 아내의 생일 즈음까지 왔던 터였다. 마침 그날은 쇼핑몰에 오는 길에 어떤 바지를 입어도 지갑으로 인해 두툼해지는 내 주머니를 보다가 가죽으로 된 남성 카드 지갑이 있으면 좋을 것 같다는 말을 했었다. 아내의 쇼핑 후, 우린 잠든 아들을 기다려야 했기에 카페에 들어가 두 달 지난 내 생일선물로 카드 지갑까지 온라인으로 구매하게 되었다.

물건의 구매에 대한 나의 개인적인 견해는 이렇다. 환경이란 영역에서 빠져나올 수 없어 대학을 진학하고, 4학년 첫 학기 때까지도 전혀 생각지 않던 대학원 석사를 하고, 환경 뉴스 기사만 보면 나도 모르게 꼭 읽게 되고, 환경에 대한 책을 발견하게 되면 책을 잘 읽지 않다가도 무슨 얘기를 하는지 읽어보게 되는, 환경에 관한 내 성격이 나에게 무언가를 했다. 철 모르고 새 물건을 살수록 기분 좋아하던 어린 날에 비해 불필요한 것에 대한 구매나 기분전환을 위한 쇼핑을 점점 하지 않게 된 것이다. 공산품을 생산할수록 또는 소비할수록 현재로선 환경에 대한 우리의 악영향이 커지는 것을 알게 되었기 때문이다.

나는 한번 구입한 물건은 오래 사용하는 편이다. 중학교 때 구입한 겨울코트가 25년쯤 된 것 같은데 겨울이 되면 이따금씩(이때부터 생긴 겨울 외투가 10벌 정도 돼서) 잘 꺼내 입는다. 옷 구입하는 것을 잘하지 않는데도 겨울 외투가 약 30년 동안 10벌이 된 이유는 아들을 사랑하는 어머니가, 남편을 사랑하는 아내가 옷을 사줘서 이다. 고등학교 때 구입한 다른 옷도 아직 집에 있고 입을 수 있는 계절이 오면 꺼내 입는다. 티셔츠는 목 부분이 닳아서 터지고 좀을 먹은 건지 곳곳에 조그만 구멍이 생긴 것들도 잘 입고 있으며, 속옷은 오래되어 면이 얇아져 엉덩이 부분이 시원하게 손바닥만 하게 찢어져버리거나 면 소재가 아닌 것은 구멍이 나서 버린다.

다시 생일선물 구입으로 돌아가 보면 오늘 그래서 잊어버리고 있던 새로운 물건 구입에 대한 본능적인 맛을 오랜만에 또 보게 되었다. 글을 쓰는 지금 아직 배송이 오진 않았지만 구입한 카드 지갑에 대한 기대감과 본능적인 즐거움은 내가 가진 환경에 대한 생각들이 있음에도 정말 무서운 것이었다. 이렇게 즉각적이고 본능적인 기대감과 즐거움은, 구입으로 인해 발생하는 환경에 대한 영향들을 아무것도 아닌 것으로 만들고, 환경에 대한 영향이 생각나더라도 가뿐히 무시하고 새 물건을 사는 상태로 만들어버린다. 환경을 생각한다는 나에게도 새로움에 대한 본능은 강했다.

에너지 사용과 사용이유

양평으로 이사를 했다. 하남 미사 신도시에서 양평으로 이사를 하고 첫날 밤은… 깜깜했다. 마당은 보름달이 떠 있어서 밝은 편이 었지만 저녁에도 밝은 도시에서 살다 온 아내와 이사를 도와주러 역시 도시에서 찾아온 처제가 너무 어두운 것이 무섭다고 했다.

현재 인류 중 선진국의 많은 이들은 에너지, 주로 전기를 빛으로 만들어 자연적인 빛이 없는 밤이 되더라도 눈에 안 보이는 어두운 곳이 별로 없이 잘 살고, 그것을 당연하게 여기고 있다. 하지만 에너지가 없는 자연의 상태로 돌아간다면 그렇게도 깜깜한 것이 당연한 것이 되는 것이다.

치안과 안전이슈, 그리고 불안감을 없앤다는 이유로 사람왕래가 도시보다 비교적 뜸한 으슥한 곳도 에너지를 사용하여 밝게 하는 곳들이 있다. 그렇게 함으로써 범죄 예방의 효과가 있다는 얘기는 치안에 민감하고 관심을 갖는 사람들에게 낯설지 않은 이야기일 것이다. 범죄 예방, 사고 예방, 안전 이런 모든 것들은 에너지의 사용으로 인한 환경영향을 거론하기는 매우 적절하지 않다. 인간의 생명과 안위는 너무도 중요하며, 생명과 안위를 희생하며 에너지를 절약할수 없다. 하지만 오히려 그렇기 때문에 인간의 안위를 위협하는 환경 문제에 대해서 지금 이야기를 하고 있는 것이다.

바꾸어 얘기하면 우리의 안위에 대해 중요하지 않은 에너지의 사용들로 인해 탄소를 대기중에 배출하며 위협을 만들고 있다는 말이다. 현재의 화석연료 기반 체제에서 우리는 안위에 대해 부정적 영향을 미치는 생활의 모습들과 소비들을 찾아내고, 그것들의 필요에 대해 스스로 생각해봐야 하는 이유이다.

대부분의 가전기기는 크기가 커질수록 전력소비 또한 커진다. 텔레비전은 화면의 크기가 커질수록, 냉장고는 용량이 커질수록 전력소비량이 커지며 자동차 또한 커질수록 무거워지고, 무거울수록 같은 거리를 가는 데 사용되는 에너지의 양이 커진다. 60인치 크기의 텔레비전 대신 40인치의 텔레비전을 구입한다고 해서 누군가의 생명이나 안위가 크게 위협받는 일은 생각하기 힘들다. 가정의 냉장고가 100~200리터 정도 용량이 작아진다고 해서 누군가가 생명의 위협을 당하는 일은 일어나지 않는다. 경차라면 교통사고가 났을 때 탑승자의 안전이 더 위험할 가능성이 있지만, 대부분의 승용차량 무게인 2톤에서 1.5톤 사이 무게의 차량의 경우 차량의 무게보다는 안전장치와 차량의 구조, 프레임이 얼마나 더 단단한 철 재질인지 등의 조건이 사고 시의 탑승자 안전에 영향을 더 미친다. 대부분의 사람들이 타는 승용차의 경우 더 크고 무거워지는 것은 연비의 감소와는 관련이 있고, 반드시 안전과 연결되지는 않는다는 얘기다.

우리는 보통 물건을 구매할 때 만족감 또는 편리함의 이유로 구매를 하게 된다. 너무도 자연스럽고 당연한 것이다. 경제의 발전이 사람들이 더 원하는 것, 더 끌리는 것, 편리함과 쾌적함을 더 주는 것을 중심으로 발전해 왔기 때문이다. 그게 가능했던 이유는 과거 어느 시점까지는 지금처럼 우리에게 환경이 위기를 가져다주는 특이점에 닿지 않았었기 때문이다. 그리고 그 어느 시점 이후부터는 편리함만의 추구가 우리에게 위기를 가져다 줄 수 있다는 것을 심각하게 받아들이지 않았기 때문이다.

이제 환경의 문제는 경차처럼 자동차의 크기가 많이 작아져서 위험해지는 경우와 불빛이 없어 어두운 곳이 많아져서 범죄의 위협이 증가하는 일보다 더 심각한 문제를 일으키고 있다. 이 문제가 다른 것보다 훨씬 더 심각한 이유는 자동차는 개인이 더 안전한 차를 구입하고, 어두운 곳의 치안 문제는 몇 십 명 혹은 몇 백 명이 힘을 모으거나 지방자치단체가 나서서 개선하면 해결이 되지만, 환경은 자의든 타의든 적어도 몇 십억 명에게 변화가 찾아오기 전에는 개선이 되지 않기 때문이다.

손(경제)이 입으로 먹을 것을 옮겨 우리가 음식을 먹을 수 있는 것은 사실이지만, 손을 움직일 수 있게 하는 두뇌(환경)가 없다면 손은 결국 모든 것을 잃는다.

· · ·

현재 우리의 손은 두뇌를 파괴하는 음식(화석연료)을 입으로 가져오고 있다.

환경과 경제, 생활

환경과 경제, 생활

환경과 생활의 연관성 - keystone species

우리는 인생에 한 번 볼까 말까 하는 먼 바다의 고래가 죽어 가는 문제는 매우 심각한 환경문제로 잘 받아들이지 않는다. 그래서 우리 생활에 직접적이며 관여된 능동적 사건으로 환경 문제가 사람들에게 심각하게 받아들여지고, 사람들이 적극적으로 환경문제 해결에 동참하기 위해서는 인류와 현재 환경문제와의 연관성을 인식시킬 필요가 있다. 환경관련 국제비정부기구에서 일자리 면접을 보았을 때다. 가장 중요한 환경문제가 무엇이냐는 질문에 대중보건(건강)이라고 답했다. 내가 그렇게 답을 한 이유에 대해서 면접관에게 적극적으로 설명하지는 않았다. 당연히 알고 있지 않을까라고 혼자 짐작했기 때문이다. 개인적으로 짧게는 환경전공을 시작한 15년, 길게는 환경에 관심을 가진 후의 30년 동안 머릿속에 가지고 왔던 대중보건이 중요하다고 했던 배경은, 환경문제를 우리 자신에게 직접 관계된 것으로 인식해야 사람들이 적극적으로 나설 것이고 사람들의 참여는 바로 비정부기구의 힘이기 때문이었다.

사람들은 자신과 직접 관련이 없는 바다거북이나 고래가 피해를 입는 환경문제들을 가깝게 느끼지 못한다. 그리고 잘 느끼지 못하는 문제라면 적극적으로 나설 이유도 없다. 다시 말해 환경 문제는 우리 자신의 문제라는 것을 더 많은 사람들에게 인식할 수 있게 하는 것이 환경 피해로 인한 우리의 건강 이슈이고, 환경단체에게, 그리고 현재 환경 문제 해결에 있어서도 가장 중요한 요소 중 하나라고 생각한 것이다.

플라스틱으로 인해 피해 입고 사라져 가는 수많은 생물종의 어느 하나는 끊어져선 안 될 생태계의 중요한 연결고리인지 아니면 영향이 (비교적) 미미할 수 있는 생태 피라미드 하위 벽돌 조각 정도인지는 아쉽게도 그 종이 거의 멸종되다시피 하거나 멸종되어서야 알 수 있을 것이다. 생태계의 중요한 역할을 하는 핵심종의 발견은 대부분 과학자들이 연구를 통해 먼저 알아채기보다는 해당 종이 생태계에서 없어지고 그 생태계가 무너지고 나서야 원인 결과의 분석을 통해 알게 된 경우가 대부분이기 때문이다. 자연에서는 어느 한 종의 주변생태에 대한 영향력 예측이 매우 어렵다. 생태계는 마치 해체하는 시한폭탄처럼 무언가를 잘못 건드리면 쾅 터져 망가져버리는 것이다. 그래서 환경에 대해 백 번 양보해서 우리 손으로 지키고 가꾸지는 못해도 너무 안일하게 보고 우리의 손으로 파괴하는 일만은 적어도 없어야 하는 것이다.

환경 공부하던 대학생 때 수업에서 들었던 내용이다. 미국 샌프란시스코에서 차를 타고 2시간을 넘게 남쪽으로 가면 몬테레이(Monterey)라는 곳이 있고 세븐틴 마일즈(길 이름은 17 Mile Drive인데 우리는 세븐틴마일즈라고 불렀다)라는 명소가 있다. 해변에 접하고 그 풍경이 아름다워 관광객도 많고 골프 코스 또한 유명하다. 아름다운 해안과 바다사자, 해달 등의 동물을 비롯한 풍부한 바다 생물들이 관광객이 찾게 되는 환경의 주된 볼거리였는데 세븐틴마일즈가 항상 아름다움을 유지한 것은 아니라고 했다.

과거 어느 날 해초들이 가득해야 할 바다가 사막화가 되어 있었고, 이유를 찾아보니 해달이 없어진 것이 원인으로 지목되었다. 족

제비과의 귀여운 모습을 가진 해달은 조개, 성게, 전복, 갑각류 등을 잡아먹는데, 범고래가 해달을 사냥해서 해달의 개체수가 감소했다. 그러자 천적이 사라진 성게, 전복 등의 개체수가 크게 증가하게 되었고 해초류를 먹는 성게, 전복이 많아지자 해초류가 빠르게 없어지며 바닷속이 사막화가 되어버린 것이다.

또 다른 사건으로, 옐로우 스톤에서 늑대의 멸종은 미국에서 가장 유명한 국립공원 중 하나의 생태계를 바꾸어 놓았었다. 늑대가 없어지며 늑대가 사냥하는 초식동물 중 엘크가 늘어나게 되었다. 사슴 종류인 엘크는 개체수가 늘어나며 풀을 더 먹게 되었고 옐로우 스톤의 숲은 황폐해졌다. 숲이 줄어들며 비버는 충분한 나무가 없어 댐을 만들지 못했고 수계 생태까지 영향을 미치게 되었다.

세븐틴마일즈의 해달과 옐로우 스톤의 늑대처럼 사라지면 환경에 큰 영향을 미치게 되는 종을 핵심종, 영어로는 keystone species라고 한다. 핵심종에는 최상위 포식자가 많지만 항상 그렇지만은 않다. 참새는 최상위 포식자라고 보기는 어렵다. 그런 참새를 중국에서 곡물을 쪼아먹어 축낸다는 이유로 해로운 동물로 보고 잡아들이기 시작했다. 그러자 참새가 먹이로 먹던 해충이 늘어 많은 더 많은 곡물 피해를 입기도 했다. 불가사리는 상어, 가오리의 먹이가 되지만 홍합을 잡아먹어 개체 수를 조절한다. 그렇지 않으면 홍합은 해안 표면을 덮어버려 다른 생물의 생육을 막아 생태계를 망가뜨리게 된다.

생태 연결고리의 손실로 인한 많은 생태계 혼란은 적지 않은 사례에서 찾아볼 수 있다. 그래서 고래나 바다거북 등의 개체 수 감소와 그로 인한 생태계 영향은 생태계는 물론 우리에게 어떤 결과를 가져올지 쉽게 예상할 수 없다. 고래나 바다거북은 먼 거리를 이동하며 바다의 모든 곳에 영향을 미친다고 볼 수 있다. 모든 바다에 영향을 미치는 종의 멸종으로 바다 생태계 지도의 변화가 발생한다면, 지구의 3분의 2를 차지하는 바다의 광활함으로 인해 그 변화의 충격은 바다생물들 뿐만 아니라 인류도 피할 수 없을 것이다.

이러한 문제들이 발생하는 것을 효과적으로 방지하기 위해서는, 아무리 멀고 우리와 떨어져 있는 환경문제라도 우리와 어떠한 형태로 반드시 연결되어 있다는 것을 아는 우리의 인식이 중요하다. 이런 맥락에서 환경이 점점 우리의 건강에 영향을 주는 가장 중요한 요소가 되어가는 현실을 인지하는 것도 매우 중요하다. 특히, 환경문제와 우리의 연관성을 부각시켜 더 많은 사람들의 참여를 이끌어 환경운동을 성공적으로 만들어 나가야 하는 환경 관계자들 입장에서는 더더욱 그러한 것이다.

우선순위

경제적 발전을 가장 상위 중 하나의 가치로 생각하는 자본주의에서 자본의 흐름은 생산-구매-사용(소비)-폐기 그리고 다시 생산으로 돌아가는 소비 사이클에 크게 영향받는다. 이 사이클에 환경위기라는 생존 우선의 가치를 가장 기본이 되고 필수인 가치로 삼아 환경으로의 자본흐름을 내지 않는다면 지금의 전 세계 환경 위기는 그저 위기로만 지나가지 않을 것이다.

소비는 경제를 돌아가게 만든다. 그리고 그런 소비로 인해 활발해지는 경제 상황이 있어야 먹고 살 만하다고들 한다. 돈이 돌아야 내 손에도 들어오고 그래야 먹을 것을 구매해 먹고살 수 있기 때문이다. 만약 사야 할 음식을 돈이 있어도 사지 못하거나 예전보다 더 적은 양이 시장에 나온다면…?

2020년 여름은 우리나라에서 가장 긴 장마로 기록되었다. 장마가 길었던 만큼 비가 많이 내린 것에 대해 영향을 받은 농작물들이 있는데 대표적인 것이 배추이다. 김치의 기본이 되는 배추는 2020년 당시 한 포기에 만 원에 이르렀다. 만 원을 가진 사람은 한 포기에 2,000원 한다면 5포기 살 배추를 한 포기밖엔 사지 못하는 것이다.

미래에는 변화하는 기후와 날씨로 인해 기존 음식을 비롯해 우리

삶 속에 긴 세월 동안 일상이던 면모들이 바뀌게 될 것이다. 당연히 생각해 왔던 것들이 당연하지 않게 되고 당연하지 않던 것들이 당연해진다면 우리가 적응을 하든지 환경이 바뀌지 않게 하든지 두 개의 선택지가 생긴다. 아쉽게도 환경은 변하지 않을 수 있는 상태에서 점점 빠르게 멀어지고 있다. 당장 기온이 올라가며 우리나라에서 한대성 농작물은 물론 한대성 어류 또한 점점 줄어들고 있다. 대신 따뜻한 곳에서 자라던 농작물과 어류는 늘어나고 있다.

사람은 지겨운 것보다 새로운 것을 좋아하지만 익숙한 것보다 낯선 것을 좋아하지는 않는다. 우리는 낯선 것도 좋아할 수 있다고 생각할 수 있지만 몸은 솔직하다. 낯선 곳에서 새로운 음식을 먹고 고생을 한다면 낯선 것이라 그러하고, 여행지에서 새로운 풍경이나 그 지방의 새로운 제품을 경험하는 것은 좋아하지만 살아가는 경험이라면 꼭 그렇지만은 않다. 흥미롭게도 미국에 오래 살다가 한국에 여행을 오는 한국 사람들에게 한국에 놀러 오는 게 재밌다는 말을 자주 들었다. 그리고 과거 유럽 여행 때 반신반의하며 들고 간 볶음고추장은 새로운 음식의 느끼함이라는 홍수에 빠질 뻔할 때쯤 나를 구해주었다. 우리가 구할 수 있는 음식의 종류가 바뀌어도 사람들은 그리고 우리의 몸은 먹는 음식을 쉽게 바꾸려 하지 않는다. 결국 생산량이 적어진 음식재료들의 수요는 가격의 상승을 유발하게 된다는 얘기다.

우크라이나-러시아의 전쟁으로 겪었듯이 밀, 화석연료 등의 공급 변화로 인해 세계 경제는 크게 영향을 받았다. 환경 문제로 인해 발생한 공급의 변화 역시 경제에 큰 영향을 미칠 것이라고 볼 수밖에 없는 이유다.

반대로 경제도 우리의 환경에 영향을 미친다. 화석연료기반 자본주의 사회가 현재의 환경문제를 만들었듯이 말이다. 경제와 환경의 서로에 대한 영향의 차이라고 한다면 문명이 없어져 경제라는 시스템도 없어진다면 환경에 대한 영향은 긍정적으로 작용하는데, 환경이 없어진다면 인류문명과 경제는 존재할 수조차 없다는 것이다. 환경은 경제와 인류문명을 포함하고 경제는 환경의 부분을 이용하여 존재할 수 있다.

손(경제)이 입으로 먹을 것을 옮겨 우리가 음식을 먹을 수 있는 것은 사실이지만, 손을 움직일 수 있게 하는 두뇌(환경)가 없다면 손은 결국 모든 것을 잃는다. 현재 우리의 손은 두뇌를 파괴하는 음식(화석연료)을 입으로 가져오고 있다. 우리는 이제라도 손이 기존의 음식을 그만 가져오게 하고, 최선을 다해 두뇌를 유지할 수 있는 음식을 가져오게 해야 하지 않을까?

하석상대(下石上臺) - 경제와 환경

우리는 먹고사는 데 매우 민감하다. 환경은 밑돌이고, 경제는 윗돌이다. 보통 높은 탑을 보면 탑이 얼마나 높은지 가장 높은 곳을 보며 무엇이 있는지 본다. 그래서 아랫돌은 관심을 덜 받으며 무의식적으로 덜 중요한 것이 되어버린다. 환경이 무너지면 먹거리를 비롯하여 환경에 크게 의존하는 사람의 생존이 위협받으니 경제가 안전할 리 만무하다. 윗돌을 위해서라면 위태한 밑돌을 튼튼하게 유지해야 한다. 경제가 조금만 움직여도 뉴스의 다수를 차지하는데 윗돌인 경제가 무너진다고 해서 밑돌인 환경이 무너지지는 않는다.

오히려 현재 우리는 윗돌을 메꾸기 위해 밑돌을 계속 빼고 있다. 환경이 무너진다면 우선 사람의 생존이 위협당한다. 아무리 고부가가치 사업, 고도기술력의 사업이 풍요로운 미래를 위한 열쇠라고 해도 살아남아야 하는 환경보다 우선이 될 수 없다. 풍요로움은 생존 문제가 해결된 후 풍요로움을 위한 절실함이 있어야 오는 것이다. 우선은 살아야 하는 절실함이 작용하여 생존의 위협이 없어지면 풍요로움을 위한 노력을 시작할 것이고, 그 풍요로움을 위한 노력의 절실함이 끝에 다다라야 풍요로움을 얻을 수 있기 때문이다.

쉽게 다시 말하자면, 돌로 세운 탑에서 밑돌을 빼어 윗돌을 괴다 보면 탑은 무너져 돌무더기가 된다. 무너진 돌무더기의 꼭대기는 당연히 무너지기 전 탑의 꼭대기보다 낮은 곳에 위치하게 된다. 그 형태가 탑이라 할 수 없지만 돌무더기도 밑돌은 있다. 얼기설기 돌들이 쌓여 만들어진 돌무더기 탑, 무너진 탑도 탑이다. 환경이 경제에 밀려 무너진다면 더 높은 위치의 경제일수록 그것을 포함하는 문명은 유지되기 힘들다.

의료기술을 포함한 문명의 발전으로 내가 얻은 평균수명을 다 산다고 가정했을 때 내가 죽기 전엔 인류가 멸종하지는 않을 것 같다. 아무리 큰 험난함이 오더라도 그 동안 이룩해온 기술과 과학 등의 문명이 적어도 소수 정도는 지킬 수는 있으리라 본다. 반대로 말하면 대다수를 온전히 보호하지는 못할 것이다. 기술과 자본을 가진 소수는 자신들이 가진 자본, 기술을 이용해 살아갈 수 있을지도 모른다. 소수의 생존을 가능케 해주는 기술은 그 기술의 기초적인 원료 채굴, 운반, 구조물 생산 등을 담당하는 다수가 없어지면 유지가 힘들어진다.

예를 들어 현재 문명의 필수인 반도체와 태양광 패널의 주요 구성 재질인 실리콘과 금속은, 광물을 채굴하여 운반하고, 가공하여 조립을 한다. 채굴, 운송, 제련, 조립 등을 담당하는 광부, 트럭 운전사, 제철소 노동자, 공장 노동자는 기술과 자본을 가진 상위 소수에 포함되지 않는다. 또한 자본을 가진 소수라도 최소한 먹고 자고 입는 기본 의식주에 있어 다수가 없다면 피해를 입을 수밖에 없다.

야채, 과일, 곡류, 고기를 생산하는 데 필요한 농부, 어부, 축산업자 등은 당연히 소수에 속하지 않는다. 집을 짓는 건설 노동자는 물론이며 옷을 만드는 노동자 또한 소수와는 거리가 멀다. 기계화와 자동화가 의식주 생산에 기여하고 있지만 전체에 비교하자면 매우 적은 부분이다. 위기를 맞아 기술과 자본을 가진 인류의 소수만 살아남는다면, 전체에서는 적은 부분이지만 인력이 필요치 않은 자동화된 의식주의 부분만으로도 소수이기 때문에 살아갈 수 있지 않을까 생각할 수 있다. 인류의 소수만 살아남을 수 있게 위기를 가져다준 그 사건이 과연 기존 자동화의 사용에 필요한 온도, 물, 토양 등의 환경 조건을 그대로 두었을지를 생각해보면 소수도 살아남기 힘들 거라 보게 된다.

피해를 당하는 이들은 현재의 세계에서도 볼 수 있듯이 경제 사회의 아래를 구성하는, 그리고 기술의 가격이 올라갈수록 금전적 부담을 더 받게 되는 절대다수이다. 그래서인지 모르겠다. 대부분의 사람들이 더 많은 부를 가지기 위해, 환경으로 인한 위기가 닥쳐도 자신만은 쌓아온 부를 이용하여 살아남을 수 있기 위해 달음질하고 있는 것인가 보다.

이 방향은 진정한 승자가 없는 죄수의 딜레마와 비슷하다. 모두가 환경을 위해 노력하면 힘들더라도 나은 방향으로 나갈 수 있지만 함께 하지 않고 편리함을 주는 화석연료에 의존할수록 자신을 포함한 모두에게 피해는 계속 주더라도 자신은 이득을 취할 수 있기 때문이다. 가장 쉬운 예로 많은 사람들이 석유를 사용하지 않는다면 석유생산업체는 가격을 내린다. 그러면 석유사용제한에 동참하지 않고 석유를 사용하는 사람들은 싼 가격에 이용하며 이득을 얻는다. 경기침체에 의한 국제유가의 하락도 그렇다. 그리고 우리는 지금도 죄수의 딜레마 안에서 굴러가고 있다. 이대로라면 우리는 죄수의 딜레마가 적용되지 못할 환경의 파탄까지 계속되지 않을까….

먹고살아야 하기 때문에

환경을 공부하며 생각했다. 대부분의 산업은 발전을 지향하는데 환경이라는 이 분야는 산업의 발전을 저해하고 반대하는 것으로 보인다. 사람이 먹을 음식을 위해 숲을 농장으로 바꾼다. 사람이 살 공간을 위해 임야나 야산을 중장비로 아무것도 없이 깨끗하게 정리하고 아파트와 집을 짓는다. 숲, 임야, 산에 중요한 생물종이 나오면 개발에 반대하는 단체나 기관들이 등장한다. 농장이나 집을 지으려던 사람들은 손해를 보게 되고 환경은 그들의 발전에 장애물이 된다.

발전해서 잘 사는 것은 나도 당연히 좋아한다. 사람들이 잘 살기 위해 하는 행동이라면 반대할 이유도 없다. 중요한 점은 농장과 집을 짓는 사람들이 우리가 잘 살기 위한 발전의 중심이 아니며, 지금으로선 환경이 발전해야 더 많은 우리가 잘 살 수 있다는 것에 있다. A라는 사람이 숲을 농장으로 바꾸어 농장 경영에 성공하게 된다면 농장에서 나오는 이익으로 A라는 사람은 더 잘 살게 된다. A가 잘 살 수 있을 뿐 아니라 늘어난 농작물의 공급으로 인해 B는 더 저렴한 가격으로 농작물을 구입할 수 있게 된다. 그리고 농작물에서 아낀 재정적 여유로 다른 것을 더 할 수 있게 되며 잘 살 수 있게 된다.

한편으로는 농장으로 바뀌어 버린 숲은 기존에 그 숲을 이용하던 C의 상황을 바꾸어 놓는다. 숲에 살던 식물과 동물을 모두 제외하고 단지 사람인 C만을 고려해보자. 우선 C가 산책할 수 있었던 숲이 없어진다. 숲에서 발생되는 음이온, 피톤치드, 산소 등 산책을 통해 가질 수 있던 숲으로부터의 직접적인 영향이 C로부터 없어진다. 그 밖에 C가 숲에서 얻을 수 있던 간접적인 영향이 없어지며 더위 완충지대 감소, 해충 피해 발생, 이산화탄소 증가 등이 발생한다. 또한 그 위치에 농장을 지은 A 역시 숲으로부터의 C처럼 이익을 잃지만 그에게는 다른 경제적인 이익이 생기므로 크게 신경 쓰지 않는다.

숲의 식물들은 그늘을 만들고 증산작용을 통해 주위의 사람이 만든 도시와 같은 환경보다 낮은 온도의 환경을 만들어 준다. 숲이 없어지는 것은 지구 온난화로 점점 더워지는 날씨를 완화시켜줄 완충지대가 없어지는 것이다. 숲이든 농장이든 혹은 도시든, 생태계는 균형 상태를 유지하려고 한다. 그리고 사람이 만든 환경과 자연의 환경도 이어져 있고 교류를 한다. 이 교류가 끊어지고 사람에게 해로운 해충을 잡아먹는 포식자가 없어지며 생태계의 상태는 균형을 유지하지 못하고 요동을 친다. 포식자 또는 중간 단계의 식물과 동물의 터전이 없어지며 생태계에 영향을 미치고 불안정해지는 생태계에서 발생하는 어느 한 식물 또는 동물종의 폭발적인 개체수의 증가는 개발의 부작용으로 부메랑이 되어 사람에게 돌아온다.

개간한 땅에서 농작물을 키워 경제력을 키운 A는 이러한 피해가 발생해도 키워진 경제력을 이용하여 간단히 상쇄할 수 있을지도 모른다. 그리고 B 역시 남는 경제력으로 더워지는 날씨나 해충피해를 막는 데 도움을 얻는다. 오히려 그런 일이 발생하지 않는다면 A와 B는 이익은 얻으며 C에게 숲의 상실로 인한 직접적인 피해를 보상하고 간접적인 피해는 걱정하지 않아도 될지 모른다. 아무도 산책하지 않는 숲이었다면 직접적인 피해조차도 보상하지 않아도 되니 A와 B 둘에게는 정말 좋을 일이다.

A와 B가 농작물로부터 얻는 이익은 숫자로 나타내기 쉽고, 숲의 상실로 인한 간접적인 영향은 C와 같은 이가 없다고 해도 숫자로 나타내기 어렵다. 또한 A와 B의 이익은 크게 다가오고 간접적인 피해는 많은 사람들에게 작게 느껴진다. 그래서 A와 B는 숲을 농장으로 바꾸는 데 적극적이 되고, 간접적인 피해를 입는 많은 사람들은 소극적이 된다. 현재는 이러한 변화가 A와 B에 의해 수 없이 반복되어 많은 사람들이 A와 B가 되어보았고 이제는 A와 B가 된 동시에 C가 되어 가고 있다.

숲의 상실로 발생할 수 있는 피해들은 형태가 없어 중요하지 않다고 하거나, 있더라도 질적으로 피해는 크지 않다고 하거나, 혹은 그런 일은 일어나지 않는다고 생각하는 사람이 있을 수 있다. 100여 년 전 스테반 아레니우스는 지구의 온실효과는 예상했지만 지구를 너무 춥지 않고 적당히 따뜻하고 살기 좋게 하는 좋은 것으로 보고 피해 가능성에 대해서는 크게 생각하지 않았다. 멀지 않은 과거의 사람들은 높은 산 지방의 만년설과 극지방의 눈과 얼음이 녹는 것을 생각조차 하지 못했다. 아레니우스는 온실효과에 대해 틀린 생각을 갖고 있었고, 극지방과 만년설은 녹아 없어져 가고 있으며, 심심치 않게 특정 벌레 수가 갑자기 늘어나는 일상을 접하고 있다. 도시에서 나무와 풀이 많은 지역은 그렇지 않은 곳에 비해 온도가 낮다는 것은 많은 사람이 익히 아는 흔한 사실이 되어버린 지 오래다. 내가 바라는 것은 우리가 예성하지 못했던 것이 이것이 전부이길 바랄 뿐이다.

우리는 이제 간접적인 영향이 직접적인 영향으로 되어버린 상황에 살고 있다. 그 동안의 발전에서의 이익을 쓰지 않으면 생명마저 위험해지기 때문에 환경 분야의 성공을 위해서 우리는 발전과 함께 나아가는 환경 전략을 가져야 한다. 눈부신 경제발전을 이끌어준 우리의 편리함이 아니라 불편함, 피해의 무게를 뛰어넘는 생존에 대한 위협을 우선하고 생각해야 할 때다.

환경과 생존을 우선함으로써 우리가 겪을 수 있는 불편함을 생각해보자. 환경적인 문제들을 생각하지 않는다면 비닐봉투와 종이가방(백), 그리고 다회용 장바구니를 두고 보았을 때, 비용이 적게 들고 편리한 비닐봉투를 당연히 선택한다. 음식 포장을 할 때마다 그릇을 들고 다녀야 한다면 불편함에 의한 불만이 많아질 수밖에 없을 것이다. 음식을 가져가는 소비자, 그리고 음식에 대한 가치를 받고 제공하는 판매자 모두 불편함을 호소하고, 비닐봉투와 같은 포장 시스템의 요구가 증가할 것이다.

비닐봉투가 없던 시절의 식당의 음식 포장과 마트의 생필품 구매는 어땠을까? 내가 초등학교를 다니던 즈음의 과거 배달음식 주류는 중국 음식이었다. 주로 하얀색이거나 녹색 바탕에 하얀 점이 찍힌 플라스틱 재질의 그릇에 중국집의 이름이 인쇄되어 짜장면, 짬뽕 등의 음식이 철가방이라 불리던 통에 실려 왔다. 중화요리가 아닌 일반음식도 배달이 되었는데 식당에서 먹을 때 쓰이는 그릇들에 음식들이 담겨 스테인리스 재질의 넓은 쟁반에 올려져 있었다. 그리고 그 쟁반은 배달하시는 분들의 머리에 올려져 운반되었다. 음식을 다 먹고 난 후 문 밖 한쪽에 쌓아 놓아 수거를 기다리는 중화요리 그릇들과 쟁반을 생각해 보면 지금은 일회용 용기에 담아 보내기만 하면 된다.

내가 기억하는 장보기의 모습은 아쉽게도 어릴 적부터 비닐봉투를 사용했던 것으로 기억된다. 개인적 기억엔 비닐 봉투가 주류지만 비닐이 아닌 플라스틱 재질의 다회용 장바구니들도 있었다. 파, 배추 등이 비닐이 아닌 장바구니에 담겨 손에 들려 있던 것이 기억난다. 내가 태어나기 전의 더 옛날엔 보자기 등의 천으로 된 보따리에 구매한 물품을 싸매고 돌아가는 사람들의 모습이었을 것이다.

이런 과거의 모습으로 돌아가는 데에 너도 나도 불만을 성토하는 것은 당연한 이야기다. 다만 불만의 원인이 종이, 플라스틱 등의 일회용 용기에 음식을 담아 가볍고 질기며 값싼 비닐봉투에 한번에 편리하게 가져가는 것이 일상화되었던 상태에서 일회용을 사용하지 않는 환경으로 바뀔 때 발생하는 불편함이라는 것이다. 이런 상황은 불편함을 넘어 개인 삶의 만족도를 떨어뜨리고, 가장 크게는 음식업종부터 식료품, 음료 등 여러 업종의 매출 감소를 유발할 것이다.

변화의 지향점이 편리함을 향해 진행될 때는 편리함이라는 이름의 변화에 의해 피해를 입는 사람들의 볼멘 소리 정도만 있지만, 불편함을 감수해야 하는 상황으로의 변화는 많은 수의 사람들이 결코 반기지 않는다는 뜻이다. 많은 사람들은 여러 가지 불편함을 감수하고 매출의 감소, 그리고 심하게는 사업운영의 포기까지 해야 하는 변화에 대해 이렇게 얘기할 사람이 많이 생길 것 같다.

'먹고살아야 하기 때문에 이렇게까지 할 수는 없죠.'
'이렇게 하기 힘들죠.'
반대로 생각해 보았다.
'숨쉬고, 먹고, 마시며 살아야 하기 때문에 환경을 포기하며, 그래서 우리 자신을 기후위기 위험에 빠트리는 편리한 방식으로 살 수는 없죠.'

몸으로는 힘들어할 수 있지만 이성적으로 이 말은 나에게 너무 당연하다. 마치 편리함을 내려놓고 불편하게 바뀌어야 하는 것에 대해 '이렇게 하면 너무 힘들죠' 라고 개인적인 이익을 생각하는 사람이 말할 수 있는 것처럼 말이다.

힘들 것이다. A와 B가 많아져버린 지금 흔히 말하는 더 좋은 것, 더 편리한 것을 가질 수 있는 발판이 되는 현재의 많은 것을 포기해야 한다는 것은. 하지만 그렇지 않으면 우리는 불어나버린 간접피해로 인해 직접적인 피해조차도 피하지 못하는 D의 길을 걸어야 된다. 잠시 그 동안 이룬 발전의 힘을 빌어 누군가는 다른 이들보다 조금 더 오래 피해에서 떨어져 있을 수 있다. 그래도 마지막에서 바라본다면 이것조차 언 발에 오줌 누기, 궁여지책 정도가 될 것이다.

어느 대형 서점의 베스트 셀러 목록

코로나로 많은 사람들이 이동과 만남에 자유롭지 못한 시기에 집 근처에 새로 생긴 서점에 가게 되었다. 오랜만에 들르게 된 서점에서 요즘 인기 있는 책들은 어떤 것들인지 보다가 사진을 찍게 되었다. 종합 베스트 9권 중 3권이 주식투자와 돈에 관한 주제로 포함되어 있었다. 자본주의 사회에서 돈이 없으면 살아가는 것이 힘들어서 코로나로 힘들어질 때조차 사람들은 그것을 벗어나기 위해 재물을 많이 찾는 것일까? 환경 문제로 힘들어진다면 역시 재물을 찾게 되는 것일까….

어찌 보면 당연한 이야기 같다.
우리는 자본주의 사회에 살고 있으니까…

돈은 많아질수록 더 쓰기 쉬운데 자본주의에서 돈은 힘으로 통한다. 사람이 본능적으로 그 힘을 확인시키고 보여주기 위해 많은 사람들이 더 자주, 그리고 더 많은 돈을 사용하게 된다. 안타까운 점은 물질의 풍요로움을 선사하는 자유시장, 자본주의 시스템 안에서 현재의 사회는 돈의 사용에 비례하여 엔트로피도 크게 증가시킨다는 것이다. 그리고 현재 발생하는 그 엔트로피의 대부분(우리나라 1차 에너지 공급 기준 80% 이상, 세계 화석연료 의존도 80% 이상)은 온실가스의 배출을 동반한다(Enerdata, 2022).

피해에 대한 회피와 복구를 위해 재화를 더 사용하게 하는 폭염, 홍수, 가뭄, 해수면 증가로 인한 침수 등 현재의 많은 문제들은 화석연료의 무분별한 사용과 환경에 대한 무관심에 기인한다. 그런데 베스트셀러 목록을 통해 비치는 우리의 모습이 스스로의 도피 자구책으로 온실가스를 더 늘려 문제의 악순환을 증가시키기 쉬운 돈의 방법에 집중하며, 환경에 대한 관심은 딱히 높지 않다는 것이다. 온실가스를 줄이자고 한 교토의정서 25년이 지난 지금도 화석연료의 사용이 전체 에너지의 80%가 넘는 사실이 이를 뒷받침하고, 코로나로 인한 혼란에도 자본과 부의 축적에 관련된 인기도서 목록이 이를 확인시켜 준다.

우리가 당면한 환경 문제의 개선과 해결에 있어 가장 중요한 점 중 하나는 장기적인 이슈에 깨어 있어 위기에 대응하는 개인의 힘이다. 자유시장에서 보이지 않는 손은 다수의 개인들에 의해 만들어진다. '나 하나 더 한다고 뭐가 크게 바뀌겠나'라고 생각할 수 있다. 하지만 반대로 생각해보면 '나 하나'들이 없으면 시작되지도 않았을 환경문제이다.

이런 힘을 가진 개인들의 관심과 선택에 의해 좌우되는 베스트셀러에서 환경문제에 대한 책은 찾아볼 수 없고, 오히려 환경에 대한 악영향을 가속화시킬 가능성이 높은 주제에 관한 책은 다수라는 사실은 나의 가슴을 먹먹하게 만든다.

자본주의 사회와 환경

나는 지금도 젊다고 생각한다. 그리고 더 젊었을 때 돈이 많으면 좋겠다는 생각을 했었다. 교육과정이 수시로 바뀌는 이유로 학생들이 현재 학교에서 배우는 것이 나와는 같을지는 모르지만 내가 학교에서 배웠던 것은 현실과 달랐다. 실제 자본주의 사회에서는 도덕, 윤리적인 가치보다 자본이 우선시되는 경우가 흔했다. 내가 배운 교과 과정에서는(지금의 교과 과정은 모르지만 유치원 아이들부터 집이 아파트인지 빌라인지, 아파트면 어느 브랜드인지 이야기한다는 것이 벌써 몇 년도 더 된 이야기다) 윤리 과목에 타인에 대한 예의나, 공공의 물건을 함부로 낭비해서 사용하면 안 된다는 등의 가치들이 있었다.

현실적으로 지금은 자본이 우선시되는 것이 분명하다. 넷플릭스의 '오징어 게임'이라는 드라마에서는 목숨을 걸고 하는 게임에 200여 명의 사람들이 투표를 통해 게임을 진행을 중단시켜 자유의 몸을 얻었다가 10여 명을 제외하고는 다시 목숨을 걸고 게임으로 돌아온다. 200명 중 90퍼센트가 넘는 인원이 드라마에서처럼 돈을 위해 다시 목숨을 건다는 것은 현실에서 확인된 적도 없고 내가 아는 비슷한 사례도 없기에 드라마 소재일 뿐일 수 있다. 하지만 그렇다고 돈이 가지는 가치의 무게가 현실과 동떨어져 있다고 보기에는 드라마가 얻는 세계적인 인기가 돈의 가치에 대한 나의 반대의견을 거부하는 것처럼 보인다.

돈의 가치가 중요하게 여겨진다는 사실은 돈 외의 가치는 상대적으로 중요하지 않게 된다는 것이다. 돈에 의한 살인도 일어나는 사회에서 다른 사람에게 피해를 주는 살인보다는 눈에 보이는 피해를 훨씬 적게 주는 일은 매우 많을 것이라는 것도 어렵지 않게 짐작할 수 있다. 폭력처럼 직접적인 피해보다는 돈을 아끼기 위해 쓰레기를 무단 투기하거나, 무임승차를 하는 등 공공의 피해가 되는 간접적인 행동은 더 많을 것이다.

정당한 대가인 돈을 지불하지 않는 것은 누군가에게 피해가 되는 것이다. 돈을 내고 버려야 하는 쓰레기를 무단투기 한다면 쓰레기를 처리하는 공공비용이 사용되고 불특정 다수가 그 비용을 부담하게 된다. 무임승차 역시 대중교통에서 발생하는 손실로 인해 공공이 부담이 커진다. 그리고 간접적인 피해 중에서도 눈에 잘 보이지 않으며 피해의 크기를 수치화하기 더 어려운 환경 영향은 눈에 보이는 무임승차 같은 간접영향보다 훨씬 더 많을 수밖에 없다.

환경의 문제는 자본과 이렇게 연결된다. 우리는 무엇인가를 살 수 있는 자원인 자본으로 자신의 욕구대로 소비를 할 수 있는 시스템인 자본주의 사회 안에 살고 있다. 누군가가 물건을 살 수 있는 자본이 충분히 있다면 그 누군가는 소비를 통해 삶을 더 편리하고 즐겁게 해줄 소비를 손쉽게 할 수 있다는 얘기다. 그리고 그 누군가는 당연히 더 많은 즐거움을 위해 필요 이상으로 소비를 더 하게 되기 쉽다. 늘어난 소비는 엔트로피를 더욱 증가시키고 구매 수요에 의한 생산의 증가를 불러일으킨다. 2020년대 현재의 거의 모든 생산품에는 탄소발자국이 생긴다. 물건의 생산에는 물건의 기초가 되는 자원, 물건을 만들 기계와 장소와 인력, 그리고 자원으로 물건을 만드는 데 소비되는 에너지가 필요한데 자원의 획득, 기계 조달, 에너지 소비 등에서 모두 탄소를 발생시키기 때문이다.

기후변화 등의 환경이 문제가 된 지 오래인 2020년에도 세계 1차 에너지 사용의 80% 이상은 화석연료로 이루어졌다. 제품 생산에 필요한 자원 공급에 자원 채굴과 채굴된 자원의 제품생산지까지의 운반이 필요한데 여기에 소비된 에너지는 화석연료가 대부분이라는 얘기다. 운반 후 생산과정에 필요한 에너지 역시 가용할 수 있는 상태의 전기 에너지, 운동에너지 등이며 대부분 화석연료를 포함하게 된다. 물건을 생산하는 공정에 사용되는 기반시설(기계)은 기계 자체가 또 다른 어딘가의 생산품이며, 장소를 준비하고 유지하는 데 에너지와 자원이 사용된다. 그리고 물건 생산에 관련된 인력은 생산이 이루어지는 장소까지의 이동과 기반 시설(휴게실, 통로 등 사람이 필요로 하는 공간 등)을 필요로 한다. 여기까지 생각이 흐르면 '그럼 환경 문제를 해결하기 위해서 생산을 하지 말아야 하고 인력은 일을 하지 않아 돈을 벌지 못해서 경제 문제를 발생시켜야 하는가' 라는 의문을 가질 수 있다.

경제는 잘 모르지만 환경을 걱정할 정도는 되는 나의 개인적인 답은 '생산과 소비의 순환 경제를 없애는 것이 아니라 구조의 변화가 필요하다'이다. 자본주의 사회, 자유시장 체제에서는 재화가 많은 것을 할 수 있다. 그리고 이 자본주의, 자유시장 시스템은 온실가스를 발생시키는 생산업 구조를 기반으로 발전되어 왔다. 이 두 가지 사실을 이어보면 '많은 것을 할 수 있게 하는 재화의 양적 환경은 많은 온실가스를 발생시키게 된다'가 나온다. 그럼에도 불구하고 우리는 살아가기 위해 환경문제를 고민하고 해결해야 하는 동시에 또한 살아가기 위해 생존 필수품을 생산하고 소비해야 한다.

환경은 이미 변화하고 있으며 그로 인해 피해 또한 이미 발생하고 있다. 그리고 그 피해는 늘어나고 있고 늘어날 수밖에 없다. 이 피해는 폭염, 폭우, 가뭄 등을 수반하는 큰 규모의 경제피해로 돌아오게 된다. 그래서 현재의 소비를 촉진시키는 경제구조가 변화하지 않는다면 피해를 줄이려 하지 않고 고스란히 맞겠다는 얘기밖에 되지 않는다.

현재 체제(화석연료기반 자본주의)의 변화라는 것이 급격한 체제 전복 같은 거창한 말처럼 들릴 수도 있다. 사실은 우리의 체제가 이미 급격하게 변했기에 환경이 급격하게 따라 변하는 것일 뿐이다. 우리의 문명은 화석연료를 기반으로 급속하게 발전되었다. 그리고 그 기술은 에어컨을 이용해 폭염으로부터 생명을 보호하고 기후변화로 피해를 입은 곳에 신속히 도움을 주는 등의 경우로도 발전해 왔다. 이러한 화석연료로 인한 사회, 기술 발전 기반의 이점은 환경위기로부터 살아남기 위해서라도 완전히 버릴 수는 없다. 이 기술들을 기후위기를 대응하는 데 가능한 최소한으로 적절히 이용하며 환경의 더 이상의 급격한 변화만은 막아야 한다.

아쉽지만 화석연료 기반 체제의 변환은 환경문제가 아니라 해도 결국 시기의 문제일 뿐이다. 환경위기가 일상이 되어가는 상황에서 미래를 내다보고 유용한 화석연료를 최대한 환경에 도움이 될 수 있게 이용하여 '자의로 변화에 대응하는가', 아니면 환경 재난 상황을 가속화하지만 편리함으로 포장된 달콤한 현 체제를 마음껏 즐기다가 매장량이 고작 몇 십 년인 유한한 화석연료 종류(원유)의 고갈로 에너지 위기를 맞아 '비자발적인 변화를 당하는가'의 문제일 뿐이다.

어떤 미래가 환경에 문제를 일으키지 않으며 동시에 우리의 발전을 지속시킬 수 있을까? 우리에게 편리함을 주는 것이 우리의 일을 대신하는 기계와 상품들이었다면 이제는 우리가 기계나 제품 대신 몸을 써야 하는 게 아닐까? 사회나 경제학을 공부한 학도가 아닌 환경학도로서 내가 가늠할 수 있는 미래 경제체제는 제품 생산과 소비 위주가 아닌 인력(人力)의 소비 위주가 되는 사회가 아닐까 생각한다.

편리함을 먼저 생각하는 습관

코로나로 인해 우리는 반강제적으로 마스크에 익숙해졌다. 동물들은 우리가 쓰고 버려진 마스크 끈에 묶여 피해를 입기도 한다. 실제 확률은 모르지만 마스크 십만 개당 한 개꼴로 동물 피해를 준다고 가정해보자. 우리는 현재 코로나 상황에 의해 하루 약 천만 개(서울·경기지역에서 천만 명 정도가 실외 활동을 위해 한 개당 이틀 동안 사용한다고 가정하고 수도권 외 지역에서도 같은 정도의 마스크 수의 소비를 가정) 정도 소비를 한다고 하면, 하루에 100마리, 일년에 3만 6천 마리 정도의 동물이 마스크 끈에 의해 피해를 입을 것이라 생각할 수 있다.

이는 편리함에 의해 무엇인가를 다량, 대량으로 소비할 때 발생하는 문제이다. 다른 예를 들어 플라스틱의 사용 문제를 생각해보자. 플라스틱은 가공이 용이하고 가벼우며 적정한 강도를 가지고 있어 활용도가 매우 높은 물질이다. 차, 냉장고, 텔레비전, 스마트폰, 신발, 의류, 식기 등 먹는 데 사용하는 도구부터 입는 것, 타는 것까지 사용되지 않는 곳을 찾는 게 어려울 정도로 다양한 분야에서 엄청난 양이 소비되고 있다. 하지만 현재 환경문제를 일으키니 비용 등의 조건을 무시하고 다른 대체재를 사용한다고 생각해보자. 플라스틱 100만큼의 양이 일으키는 A라는 문제가 있었다면, 다른 대체제가 100만큼의 양이 되었을 때 그 양에 의해 B라는 문제를 발생시킬 확률이 높아질 수밖에 없다.

플라스틱 사용에 대하여 몇 가지 사항을 고려해보았다. 많은 사람들이 알고 있는 플라스틱 컵의 경우 금속이나 재사용 가능한 두꺼운 플라스틱 재질의 컵들이 대체재로 거론되고 많은 사람들이 환경을 위해 이런 제품들을 구입한다. 이런 텀블러 사용에 관한 기사들을 봤던 기억이 있다. 보통 한 명이 텀블러 하나만을 사지 않고, 텀블러를 하나 사더라도 텀블러 생산과정에서 종이컵보다 많이 배출되는 온실가스를 상쇄할 만큼의 사용을 많은 사람들이 실제로는 하지 못한다는 내용들이었다. 일회용 컵의 많은 사용으로 발생하는 쓰레기 문제를 텀블러가 해결하지 못할 뿐만 아니라 온실가스 배출 증가 문제를 더하는 상황을 만든다. 우리가 텀블러를 가지고 있으면서도 플라스틱 컵을 사용하는 경우는 번거로워 집에서 들고 나오지 않거나, 나올 때 깜박했는데 다시 가지러 다녀오기 귀찮기 때문이다.

보건 위생의 이유로 폐기물이 많은 의료분야를 보자. 환자에게 필요한 수액, 혈액 등은 플라스틱으로 만들어진 팩에 들어 있다. 주사기도 바늘 부분을 제외하면 대부분 플라스틱으로 이루어져 있다. 수액 팩, 주사기 등을 대체한다고 하면 수액 팩은 과거에도 사용되었던 유리로, 그리고 주사기는 금속 재질로 만드는 것이 가장 타당할 것 같다. 유리나 금속 모두 플라스틱보다 많은 열을 가하여 가공한다. 그래서 가공과정에서 더 많은 에너지를 필요로 하기 때문에 한 번 사용을 기준으로 한다면 플라스틱보다 온실가스를 덜 배출하기가 매우 어렵다. 폐기하지 않고 다회용으로 사용한다면 의료 보건

특성상 살균을 위해 다회용 컵보다 세척에 더 많은 에너지와 자원이 사용된다.

다회용과 일회용 컵 사용 문제처럼 플라스틱 의료 제품의 생산 및 폐기에서 발생하는 온실가스, 다회용 제품의 재사용을 위한 세척 과정에서의 에너지와 자원 소비로 온실가스 발생 중 환경에 대한 영향력의 크기는 따져봐야 할 문제이다. 결국 대체재로의 선택에는 고민이 따른다. 한편, 환경을 생각하지 않는다면 사용하는 사용자의 입장에서는 세척 살균을 위해 따로 모아두거나 하는 번거로움보다 한 번 쓰고 치워 폐기하는 프로세스가 편리하며 위생이나 보건상으로도 더 좋다.

마지막으로 일회성이 아닌 플라스틱 사용 중 자동차에 소비되는 플라스틱을 보자. 플라스틱은 자동차에서 금속 다음으로 많이 사용되는 물질이 아닌가 싶다. 에어컨과 차량 오디오를 조절하는 부분인 대시보드는 내가 아는 대부분의 차는 모두 플라스틱이다(몇 억이 넘는 고가의 차량에는 나무로 내장재가 되어 있다고도 들은 듯하다). 차량 외부에서는 사이드 미러, 범퍼, 문 손잡이, 라이트 부분도 모두 플라스틱이다.

사고로 인해 가장 많이 교체하게 되는 차량 부품 중 하나는 범퍼인데 이 플라스틱으로 된 부품을 다른 물질로 대체한다고 생각해보

자. 우선 범퍼의 충돌 시 충격을 줄이는 목적이 다른 물질로 대체가 될 수 있을지는 잊어버리자. 차량 외부를 이루는 흔한 물질인 금속으로 범퍼를 대체한다면 우선 무게가 무거워진다. 그리고 텀블러의 경우처럼 금속 재질 범퍼는 플라스틱에 비해 가격과 생산과정의 온실가스 발생량이 증가하게 된다. 교체과정에 있어 무게가 무거운 부품은 편리함을 해치고, 증가된 가격은 사용자의 이익에 피해를 준다. 다시 말해 사용자를 불편하게 하는 것이다. 차를 사용하는 동안 잘 교체하지 않는 내부의 플라스틱 부분도 나무재질로 바뀐다면 차량 가격을 올리고, 무게를 증가시켜 편리함을 해치게 된다. 또한 플라스틱보다 차체에 무게를 더하는 금속이나 나무 재질은 자동차 연비 하락으로 인해 온실가스를 더 배출하게 하기도 한다.

플라스틱의 몇 가지 사용 예에서 볼 수 있듯, 현재 우리의 삶은 편리함을 위주로 많은 선택 결정이 이루어지고 있다. 텀블러 대신 일회용을 사용하면 공간을 차지하지 않고 손에 들고 다니지 않아 편리하고, 일회용 주사기를 사용하면 살균세척을 할 필요 없어 편리하며, 당연히 자동차도 플라스틱 재질을 유지하면 편리하게 된다. 이제는 가능한 범위에서 이런 편리함을 보다 더 많이 내려놓아야 한다. 자동차의 예에서 볼 수 있듯이 플라스틱을 모두 제거하는 것이 만능 해결책은 아니다. 어떤 물건의 재질이 문제가 아니라 우리의 편리함을 좇는 습관이 문제가 되고 있는 상황인 것이다.

불편함이 아름답다고 하면 역설적인 말일 것이다. 그리고 자유시장 주의에서 '편리하지 않다'는 것은 시대에서 상품성이 떨어진다는 얘기다. 현재의 경제체제는 물건을 판매하는 사람들이 혁신과 편리함 등을 내세워 소비자들이 물건을 구매하도록 유도한다. 구매력만 충분하다면 사람들은 손쉽게 구매를 하게 되는데 우리나라 전체에너지 소비 중 80% 이상을 화석연료가 차지하고 있는 만큼 구매는 지구온난화와 연결된다. '물건이 예뻐서', '할인을 해서', '있으면 좋을 것 같아', '편리할 것 같아' 등의 이유는 철저히 제외하여 생활 필수 물건이나 서비스만을 구매한다면 우리 생활이 불편해질 수 있다.

인류가 짧지 않은 시간 동안 누려온 편리함으로 인해 가뭄, 폭염, 홍수, 태풍 및 기후 온난화 및 변화로 인한 생물다양성 감소와 해충급증, 작물 피해로 인한 농수산물 및 식료품 가격 상승, 해안 상승으로 인한 저지대 침수 피해 등 개인적인 불편함을 넘어 인류로서 매우 큰 불편함과 재난을 입게 된 것을 생각해보자. 물건과 서비스를 갖지 않음으로 생기는 불편함은 상대적으로 아름다워지지 않을까 생각해 본다. 상대적으로 큰 환경의 불편함을 편리함으로 바꿔가는 아름다운 발걸음이 되니까.

기업 환경 윤리 -
오염을 내뿜으며 책임지지 않는 기업들

쇼핑몰에 갔다. 할머니가 4살 손주에게 사준 옷이 커서 맞지 않아 옷 브랜드가 있는 곳에 간 것이다. 애 엄마와 함께 옷을 교환하고 부쩍 커버린 아이에게 신발을 사주는 동안 나는 매장 바깥, 쇼핑몰의 실내에서 가구 광고를 하는 전광판을 보았다. 테이블, 의자, 소파 등 여러 가구가 있는 집에서 유명 연예인이 나와서 예쁜 미소를 보인다. 그 광고를 보며 내게 일어나는 변화는 '가구가 예쁘다', '우리 집에도 있으면 어떨까'라는 등의 구매하고 싶다는 욕구들이다.

내가 본 가구 광고처럼 기업들, 회사들은 물건과 서비스를 판매하는 데 있어서 뛰어나며 세상의 다른 어느 개인이나 단체에 뒤지지 않는다. 자유시장체제의 경쟁에서 뒤처진다면 위기를 맞을 것이고 살아남기 힘들기 때문이다. 그리고 우리 모두는 지금 환경위기를 맞고 있고 이 문제를 해결하지 못한다면 지구의 과거 대멸종과 한 지역 생태계의 붕괴에서 볼 수 있듯 최상위 포식자인 인류는 불을 사용할 줄 안다고 해도 살아남지 못할 것 같다.

오염을 발생시키면서 이익을 내고 책임은 지지 않는 기업들에 관한 기사를 읽은 기억이 있다. 기업들의 입장에서는 당연한 일이다. 시장 경제 안에서 이익을 내야 하며, 공공재에 해당하는 환경에 관해서는 투자에 대한 기업 이득이 발생하기 힘든 구조이기 때문이다. 법과 규제를 어기지 않는 범위에서 오염을 일으킨다고 해서 이익을 추구하는 기업에 직접적인 큰 손해가 발생하거나 이익이 줄어드는 일은 잘 일어나지 않는다. 환경은 공공재이며 기업이 발생시키는 오염은 그 피해가 공공인 다수에게 분산되기 때문이다. 그런데 기업이 이런 피해로부터 책임이 자유로운 시대가 끝나가고 있다. 기업이, 개인이, 지역이, 그리고 국가가 보이지 않는 손에 의해 이익만을 찾아 계속 움직인 결과가 쌓여 지구온난화, 기후변화라는 이름으로 모두에게 돌아오고 있기 때문이다.

ESG에 대하여

되돌아보니 나는 일하는 시간은 길지만 급여는 많지 않은 소규모 연구소들을 옮겨 다녔다. 처음에는 300명 넘는 규모의 연구소를 대학원 가기 전에 다녔었다. 대학원을 졸업하며 규모가 작아도 많은 일을 하는 조직, 다시 말해 적은 인원이 여러 가지 일을 하게 되는 곳에서 많은 일을 배우겠다는 생각이었다. 시간이 지날수록 ESG라는 이름의 환경 관련 전문 일자리들이 대기업을 기준으로 늘어나기 시작했다. 대기업에서 내가 생각하던 환경전문 일을 해보고 싶다는 생각으로 지원을 하기 시작했다.

이런저런 일을 하다 몇 년이 지나고 운이 좋게도 국내 대기업 중한 곳의 면접을 보았다. 에너지, ESG와 관련한 직무의 기회였는데 다른 면접 내용들은 기억나지 않지만 한 가지만은 기억난다. 나의 질문과 면접관의 답이었는데 '환경을 좋아해서 공부하던 나로서는 취업을 준비하던 10여 년 전에는 볼 수 없었는데 ESG와 관련하여 왜 이제서야 일자리가 생기며 이렇게 적극적인지 궁금하다'가 질문이었고 돌아온 답은 '그때에도 회사에서는 해당 업무가 있었다'였다. 환경에 대해 공부를 할 수록 보이는 환경의 비관적 미래에 몸을 던지면 고생길이 훤했기에, 나는 눈에 불까지 켜며 환경을 꼭 바꿔야 한다는 유형의 열혈 취업 준비생은 아니었었다. 그래도 대학원 석사까지 환경을 공부하고 환경 분야 취업의 문을 두드리던 5~6년 전의 취업 준비생 눈에 보이지 않던 것을 국내 10대 대기업 중 하나인 곳에서 10년 전에도 그것은 있었다고 했다.

면접관의 대답에 대해 내가 생각할 수 있는 결론은 셋 중 하나인 듯했다. ESG 전문은 아니지만 환경 관련 법적 최소 기준을 만족시키기 위한 대응 팀에 대해 면접관이 조금 부풀려 얘기를 했거나, 하고 있었는데 일을 늘릴 만큼이 아닌 아주 작게 하고 있었거나, 또는 그렇게 취업공고들을 뒤져 가던 내가 못 봤거나 절실하지 못해 기억을 못 했다거나일 것이다. 어쨌거나 면접관이 한 얘기는 '왜 요즘 적극적인가'라는 부분에 대한 답은 되지 못했다. 내가 물은 것은 그 전에도 했는지가 아니라 왜 요즈음 핫 이슈인지였고, 어떤 점 때문에 이익을 추구하는 기업들이 공익적인 성격에 눈독을 들이게 되었는지가 궁금했던 것이기 때문이었다.

석사를 마쳤지만 서른이 훌쩍 넘어 취업을 하려던, 환경을 좋아하는 취업 준비생은 10년 전에 그런 일자리가 많았는데 보지 못했던 걸까. 사실이 어쨌건 처음을 제외한 나머지 두 결론 가능성 중 그나마 내가 진실이라 믿고 싶은 건 차라리 면접관이 나에게 거짓말을 한 것이라면…이다. 첫 번째 이유처럼 법 규제 대응 팀에서 포괄적으로 하던 것을 얘기한 것이라면 이유가 무엇이든지 현재는 환경에 대한 적극성을 띠고 있다는 말이 된다. 하지만 두 번째 가능성처럼 기업 내에서 보이지 않는 소규모였던 것이라면 환경의 위기에 중

점을 두고 적극 대응을 시작했다 라기보다, 기업이 자본주의 원리로 이익이 될 기회를 보며 진행하는 것으로 무게가 쏠리기 때문이다. 적극적으로 대응을 하기 시작했다면 이윤추구의 기업 성격에 직접이익이 되지 않는 환경 전문 인력이 충분할 리가 없고, 그렇다면 기업들의 환경 전문 인력의 채용이 적어도 내 눈에는 띄었어야 이해가 된다. 사람은 착각을 많이 하기에 이렇게 내가 느끼는 것이 반드시 사실은 아닐 수 있다는 것을 인지한다. 그럼에도 과거의 나는 느끼지 못했고 지금은 느낀다는 것이 과거 그 면접관의 말을 신뢰하기 힘들게만 만든다.

오늘날의 환경문제에 대한 학자들의 경고는 1970년대쯤 제기되기 시작하여 80년대, 90년대를 거치며 상황의 심각함을 토로했다. 학자들이 얼마나 입에 거품을 물고 얘기를 했으면 국제기구인 IPCC(Intergovernmental Panel on Climate Change)가 경제적으로 호황기였던 1988년에 창립되었을까. 그렇게 보면 2000년 즈음에 지구온난화에 대해 심각하게 받아들이기 시작한 난 오히려 환경에 대해 늦은 편인 듯하다. 그래도 기업들보다 빠른 편이니 다행이라고 해야 할까…?

2001년 IPCC의 3차 보고서에서 인류에 의한 지구온난화의 책임을 66% 이상이라고 했다. 2007년의 4차 보고서에서는 인류의 책임을 90% 이상, 2014년도 5차에서는 95% 이상으로 얘기한다. 이런

IPCC의 보고서 내용과 환경에 대한 사회 분위기 때문이라도 기업들은 환경적인 부문에 있어 공공의 나음, 이익, 다른 말로 하면 윤리적, 도의적인 책임을 하는 것으로 보이려 했을 수 있다. 그렇다면 반드시 눈에 보이는, 그래서 기업이미지가 좋아지고 결과적으로 이익이 발생하는 가시적인 형태였어야 한다.

이런 이유로 기업이 ESG를 제대로 하고 있었다면 이미 널리 알려진 문제의 심각함을 이익으로 이용하기 위해 분야의 시작부터 홍보를 작지 않은 규모로 진행하고 있었어야 이해가 된다. 큰 문제라 보지 않고 환경 피해 가능성을 작은 것으로 인지하고, 나중에서야 심각성을 인정하여 대응을 시작했다라는 가정을 할 수 있다. 그렇다면 똑똑한 사람들이 모인 기업이 모를래야 모를 수 없는 ESG에 대해 일말의 양심의 가책을 느끼기 시작해 조금씩 의기투합하여 시작했다고 생각 할 수 있다. 하지만 현실은 그렇지 않은 것으로 느껴지고, 현재처럼 중요한 사안이 될 것을 미리 예견하지 못한 것이니 환경 분야에서 우리 사회의 미래를 이끌 기업들에 관한 나의 개인적 기대는 비관적이 된다. 그렇지 않은 기업도 있지만, 종합해보면 많은 기업이 환경에 대한 이해 관계를 기업에 이익이 되는 시점을 계산하여 움직이기 시작한 것으로 보여진다. 많은 한국 기업들이 현재 숱하게 내거는 ESG의 기치가 슬프게도 나에게는 환경문제가 아니라 자신들의 직접적인 이익을 중심으로 진행되고 있는 것으로 비치는 것이다.

화석연료와 뗄 수 없는 관계를 맺고 있는 현재의 자본주의를 달가워하지 않는 내가 기업만의 입장에서 현재의 상황을 바라보려 해보았다. 자본이 많이 들어가고 가까운 미래에 직접적인 이윤의 회수가 불투명한 ESG를, 자본주의의 근본인 자본을 적지 않게 할애하며 기업이 진행시키기는 어려웠을 것이다.

　이렇듯 움직이기 힘든 기업들의 발걸음을 그래도 현재까지 움직이게 만드는 것이 있다. 환경에 대해 점점 관심을 가지고 긍정적으로 움직이는 대중과, 국제적으로 협력하여 저 멀리 위에서부터 영향을 내려주는 국가/정부적 차원의 정책 변화가 그것이다. 대중은 기업에 영향을 미치고 개인, 환경단체, 정부, 국제기관 등의 주체로부터 환경적 영향을 받는다. 개인으로는 그레타 툰베리 같은 어린 학생으로부터, 미국의 부통령을 했던 엘 고어 등, 단체조직으로는 여러 국내외 환경단체, 정부 부처 기관, 국제 기구 등이 대중에게 환경에 대한 정보를 제공하고, 관심을 갖게 하고, 경각심을 불러 일으키게 한다.

　대중에게 영향을 주는 이 모든 이들은 여러 학자들로부터 환경의 위험성에 대한 얘기를 듣고, 그룹 서로들 간에도 서로 환경 문제에 대해 영향을 주고받는 상호작용을 하며 환경적으로 성장한다. 학자들과 대중, 그리고 여러 사람들에 의해 얘기를 듣고 압박을 받는 국가의 정상 및 여러 주요 인물들은 정책을 만들고 제도를 변화시킨다. 그리고 기업들은 다시 정책과 제도의 영향을 받게 되는 것이다. 결국 우리 모두가 조금씩만 바뀌면 대다수의 기업들을 바라보는 암울한 내 시선에도 그림자가 걷히는 날이 올 것이다.

창고형 마트를 다녀오며 - 대량구매

우리 집에서 비교적 소비의 비중이 높은 부분은 음식에 대한 것인데, 공산품은 품질이 나쁜 것이 아니라면 가능한 한 저렴한 것을 구입하지만 음식은 정말 먹고 싶은 것이라면 식료품은 제한을 딱히 두지 않으며, 외식은 일 인당 한 끼 3만 원이 넘지 않는다면 큰 고민 없이 사 먹어도 괜찮다고 생각한다. 대신 잘 표현하지는 않지만 개인적으로 음식을 남기는 것은 꺼려한다.

나는 짜장면, 떡볶이, 김치찌개, 된장찌개 등 흔하며 맛이 강한 음식을 좋아한다. 마흔이 넘은 지금도 입은 여전히 자극적인 걸 원하지만, 건강을 위해 되도록 자극적인 음식은 피하려 노력하고 있다. 여러 가지 음식 재료 중에서는 제철 과일처럼 더 흔하고 저렴한 재료를 고르며, 같은 종류의 식품 중에서는 유기농 제품을 선호한다. 제철음식이 아닌 경우에는 그 음식재료가 자라기 위한 온실과 같은 환경을 인공적으로 조성해주어야 한다. 그리고 인공적인 환경에는 더 많은 에너지와 자원이 사용된다. 유기농 제품은 비교적 비료와 농약을 쓰지 않거나 매우 적게 사용한다.

이처럼 나는 흔한 음식을 좋아하며 더 자주 먹지만 어쨌든 흔하지 않은 음식도 먹는다. 흔하지 않은 음식은 주로 수입을 하는 경우가 많다. 수입을 하게 되면 먼 거리의 이송을 위해 식재료의 탄소발자국은 증가하게 된다. 또한 곡물을 직접 먹는 것보다 곡물을 먹고 만들어지는 육류를 먹는 것이 탄소 발생을 증가시킨다. 이유는 에너지 효율이다.

우리가 곡물을 먹어서 1이라는 에너지를 얻기 위해 필요한 곡물의 에너지 양이 10이라고 한다면 10만큼의 곡물을 먹은 동물에서 만들어진 육류를 우리가 먹어 얻는 에너지의 양은 1이 되지 않기 때문이다. 대표적인 육류의 이런 경향은 닭, 돼지, 소고기 순서이다. 닭고기보다 돼지고기를, 돼지고기보다는 소고기를 먹을 때 환경적인 영향이 커진다. 이렇듯 음식의 종류에 따라 환경에 대한 영향이 달라지기도 하지만 우유를 치즈로 만들어 먹으면 온실가스가 훨씬 더 많이 발생하는 것처럼 조리 과정에 따라 환경에 대한 영향도 증가한다. 하지만 이 부분은 의식주의 필수 부분이 꽤 크기 때문에 내 가정에서 다른 환경문제와 비교했을 때 지출비중이 크다. 아무튼 그래서 우리 가정의 엥겔 지수는 매우 높은 편이다.

이 높은 엥겔 지수를 줄이기 위해 우리는 대량구매를 통해 가격을 낮춘다. 대량구매 외에도 음식의 저렴한 가격은 대량생산의 역할이 크다. 대량생산은 체계적인 재배 시스템을 통해 많은 양의 음식 재료를 생산하는데 비료와 농약 등의 사용이 이 과정을 가능하게 하며 대량생산에 큰 역할을 맡는다. 이런 대량생산의 도움으로 많은 사람들이, 그리고 가정사정이 넉넉하지 않은 사람들이 부담을 덜며

음식을 먹을 수 있다. 그리고 나는 대량구매 제품을 살지언정 대량
생산에 의한 식품재료는 되도록이면 구매를 피한다.

창고형 대형 마트를 다녀오는 길에 다음날이 대형 마트 쉬는 날
이라 그런지 유독 마트에 사람들이 많았던 것과 집에 돌아와서는 대
량 번들로 묶여진 상품들을 보며 문득 드는 생각들이 있었다. 복잡
한 도심 지역일수록 물건을 작은 단위로 나누어 판매하는 동네 식료
품점등이 더 많고 도심에 비해 비교적 한적한 도시 외곽 지역일 수
록(도시에서 아주 벗어난 농촌지역이 아닌) 대형 시장, 마트 등의 이용이
빈번하다. 집으로 내 손에 의해 들려온 대용량 상품들을 보며 많은
용량의 상품들을 한번에 구매하는 것이 내가 지금까지 좇아온 그리
고 앞으로 떨쳐내려 해도 결코 떨쳐지지 않을 나의 대부분에 반하는

것이 아닌가 생각하는 순간이 다가왔다.

장본 물건들을 큰 장바구니(유럽 가구 체인점에서 살 수 있는 파란색의 플라스틱 재질의 다회용 장바구니)에 가득 담고도 크래커 상자 하난 너무 커서 따로 들고 왔다. 정리를 하다 보니 두 개를 제외하곤 모두 냉장 또는 냉동보관이 필요한 물건들이었다. 우리 집에는 한 개의 여닫이 문과 두 개의 서랍형 칸이 있는 일반냉장고로 사용하는 김치냉장고, 그리고 내 어깨 높이만 한 개별 냉동고가 있다. 물건들은 냉장고와 냉동고에 모두 차곡차곡 들어갔다. 우리 집은 5개월 된 아기와 아내, 그리고 나, 이렇게 3식구가 사는 가정이었지만 이에 비해 냉장고의 크기는 모자라지 않았다.

1인당 필요한 냉장고의 최소 용량은 70L라고 들었다. 최소는 작을 수 있으니 보통은 100L 정도라고 생각한다면 3인 가족은 300L쯤의 냉장고, 4인 가족은 400L 정도 용량의 냉장고를 사용하면 된다. 그리고 2019년 기준 일반적인 가정에서 사람들이 주로 구매하는 양문형 냉장고는 대부분 800L대이다.

냉장고가 커지며 사람들은 더 많은 음식을 보관할 수 있게 되었다. 더 많은 음식의 보관이 가능해지면서 더 많은 식재료를 한번에 구매하게 되고, 이에 따라 식재료를 구매하는 빈도는 점점 줄어들었다. 그리고 음식을 구할 수 있는 시장과 마트가 많은 번화가, 도심

등지로의 방문 횟수가 줄어들며 더 먼 곳에서 살 수 있게 되었고, 도심으로 가는 대중교통이나 개인 이동 수단을 사용할 때 더 먼 거리를 이동하게 되었다. 그에 따라 이동에 소비되는 에너지는 증가, 개인당 탄소 배출량(가전기기의 효율이 증진됨에도 더 큰 냉장 용량의 사용과 이동에 소비되는 에너지의 증가로) 또한 증가하게 되었다. 달리 생각하면 대량구매가 소량구매에 필요한 포장, 이동, 저장 등의 절차들을 생략하며 에너지와 자원을 아낄 수 있을 것이라 생각했지만 다른 이유로 계산을 해야 하는 문제가 된 것이다. 어떤 방법이 환경에 더 도움이 될까? 많이 사더라도 결국은 불필요한 소비를 줄이고 적게 사용하며 사는 게 답에 가장 가깝지 않을까? 오늘도 이런 복잡한 생각들이 대량구매를 했던 내 머릿속을 헤집어 놓는다.

유기농 농산물의 기준

어느 날, 아내가 유기농 농산물의 정의를 물었다.

나의 대답은 기준을 말해주는 것으로 끝나지 않았다. 정확히는 기준은 말하지 않았다. 사실은 유기농 농산물이 어느 정도의 비료나 농약의 양을 기준으로 하는지 몰랐다. 내가 환경 공부를 했던 시절 미국에서의 유기농은 비료나 약을 정해진 기준치보다 적게 사용하는 것으로 배웠다. 현재의 미국에서는 어떤지 모르지만 한국의 유기농 농산물 기준을 찾아보니 전혀 사용하지 않는 것을 의미했다. 그리고 친환경 농산물이 농약과 합성비료를 적게 사용하는 것이었다.

아내의 의문의 시작은 "비닐하우스를 왜 유리로 만들지 않느냐?"라는 질문이었다. 나는 화학섬유로 만든 값싼 재질의 패스트 패션과 그렇지 않은 명품, 또는 좋은 브랜드 옷의 예를 들어 비교를 했다. 옷의 비교처럼 온실을 만드는 데 비싼 유리 대신에 값싼 플라스틱 소재의 비닐을 쓴다고 답했다.

아내는 유리를 쓰면 플라스틱이 주는 환경에 대한 영향이 더 작아지지 않느냐 물어왔다. 패스트 패션과 값이 나가는 옷이 같을 순 없지만 다른 조건들이 비슷하다고 본다면, 패스트 패션 제품이 싸기 때문에 많이 사용하게 되고 쉽게 버려지며 그 양에 의해 환경에 대한 영향이 더 커진다. 어떠한 이유로 유리의 가격이 매우 싸져서 모든 비닐하우스의 비닐을 대신해 유리로 만들어 짓는다고 생각해보자. 비닐만큼의 유리의 양이 토양에 버려진다면 플라스틱이 문제가 아니라 유리가 썩지 않고 토양에 남으며 현재의 환경 문제를 다른 형태로 대신할 것이다.

어떤 물질을 쓰는 것이 환경 문제로부터 완전히 자유로울 수 없다. 쓰레기 문제에서 잘 썩지 않는 플라스틱이 아니라 잘 썩는 물질을 생각해보자. 플라스틱 쓰레기를 대신하여 같은 양만큼의 음식물 쓰레기가 발생한다고 하자. 우리가 발견하는 바닷가, 하천, 거리에서의 플라스틱이 모두 음식물 쓰레기라고 생각해보자(현실에서 우리는 음식물 쓰레기를 수거 시스템 등을 이용하여 아주 잘 처리하고 있다). 우리의 집을 포함한 주변 거리에서는 악취를 비롯해 음식물에 벌레들이 꼬이고 증식해 대중 보건 문제가 발생할 것이다. 강이나 하천에서는 음식물로 인해 물이 오염되고 썩으며 문제를 발생시킬 것이다.

결국 내가 생각하는 문제의 본질은 물질이 사용되는 절대적인 양과 그로 인해 발생하는 정상적인 폐기 절차를 벗어나는 폐기물, 그리고 사용자 주체의 문제이다. 폐기물의 관리가 완벽하다면 환경은 좋아지겠지만 현실적으로 실수나 사고가 발생하지 않을 수 없다. 우리에게 가장 위험한 물질 중 하나인 방사능 물질이 체르노빌과 후쿠시마 등 지구 역사에서 이미 여러 차례 사고를 일으킨 것을 기억해보면 이해가 된다. 플라스틱 용기의 예를 들어 사용자가 쓰레기통에

버리지 않거나, 홍수가 나서 떠내려 가거나, 야생동물 등에 의해 이동되거나 하는 이유로 폐기절차에서 벗어난 용기가 100개 중 1개라고 한다면 1만 개 중에서는 100개가 발생되고, 100만 개 중에서는 1만 개가 발생한다.

사용하는 물건이 무엇이든지 폐기절차에서 벗어나 환경에 영향을 주는 물건이 발생할 수 있다. 그리고 그 물건의 필요도가 높을수록 물건을 사용하지 않기는 어렵다. 결국 환경과 우리 자신을 위해서는 불필요한 사용과 소비를 줄여야 한다. 수술을 하는 위급한 환자에게 혈액을 공급하기 위해 만든 비닐로 만들어지는 혈액 팩을 당장 다른 물질로 바꾸긴 힘들지만, 물건 두어 개를 담아주는 비닐봉지를 사용하지 않거나 다회용 백을 가져와 이용하기는 쉽다. 여름에 나오는 수박을 겨울에 먹기 위해 비닐하우스를 만들어 겨우내 에너지를 공급하여 온실가스를 증가시킬 필요도 없다. 임산부가 겨울에 수박을 찾을 수는 있지만 먹지 못한다고 해서 남편이 아닌 사람에게 위기가 닥치지는 않는다. 비행기나 배를 타고 우리나라에 오는 열대지역 과일들을 못 먹는다고 해도 우리에게 건강의 위협이 생기지는 않는다. 2년마다 또는 신제품이 나올 때마다 스마트폰을 바꾸지 않는다 해도 대부분의 사람들에게는 중대한 위험이 발생하지 않는다.

사용하려고 하는 물건이 정말 필요한 것인지는 개인의 상황에 따라 다르다. 감정이 앞서 불필요한 물건을 구매하기만 하고 사용하지 않는 실수를 할 수도 있다. 하지만 우리 대부분이 물건의 구매나 사용에 앞서 몇 번만이라도 곰곰이 잘 생각해본다면 그 물건이 개인의 감정적인 만족을 위한 것인지 정말 필요한 것인지 어렵지 않게 알아차릴 수 있을 것이다.

화석연료 기반 산업환경

화석연료 기반(2020년 기준 석유, 석탄, 가스 합으로 총 에너지 생산과 소비 분야 모두 80%이상)인 현재 우리의 세계는 에너지를 사용할수록 이산화탄소를 배출할 수밖에 없는 세계이다. 내연기관 중심의 산업혁명으로 발전한 현재 세계의 기반은 이산화탄소를 배출하지 않으면 존재하지 못한다는 것이다. 기존 시설과 시스템 등 여러 가지 이유로 화석연료 기반 시스템의 대부분은 우리 모두가 바꾸려는 의지를 가지고도 10년 이내에 당장 신재생에너지로 바꿀 수 없다. 기적적으로 모두가 화석연료 기반 체제를 바꾸려 마음먹고 당장 바꾸기 시작해도 적어도 10년 이상 이산화탄소는 계속 배출된다는 얘기다.

현실적으로 이산화탄소 배출을 줄이기 위해서는 화석에너지 기반을 가능한 빨리 전환시키며, 동시에 불필요한 에너지 사용으로 인한 이산화탄소의 발생을 줄여야 한다. 화석연료 기반에서 이산화탄소 발생량의 감소는 에너지 생산의 감소가 선행되어야 한다. 그리고 코로나의 상황에서 볼 수 있었던 소비 위축으로 인한 세계 온실가스 감소처럼 생산의 감소가 소비의 감소를 일으키는 것보다는 소비의 감소가 생산의 감소를 일으키는 것이 온실가스 감축에 더 현실적이다.

소비를 감소시키기 위해서는 두 가지 정도의 대표적인 경우를 생각해 볼 수 있다. 첫 번째 경우는 생산정책의 변화로 인한 산업 생산량 감소, 물건의 생산량이 감소하면 가격이 증가하는데 가격이 증가하면 소비가 감소하는 것이다. 이 상황이 의도적이든 아니든 불필요한 에너지 사용을 감소시키고 막는 것에는 효과적일 것이다. 하지만 동시에 에너지의 사용이 꼭 필요한 의료나 사회시설 등의 분야에서는 가격상승에 대한 불만과 저항을 불러온다.

두 번째는 에너지 소비층의 적극적 에너지 소비 줄이기 운동으로 인한 경우이다. 이것을 이루기 위한 방법 중 하나는 높은 에너지 소비의 효율의 제품을 사용하는 것이다. 하지만 아쉽게도 역사상 효율의 증가는 전체 소비의 감소보다는 증가로 이어져 왔다. 제본스의 역설(Jevon's paradox)은 에너지 효율의 증가는 에너지 소비의 증가로 이어진다는 이런 현상을 설명한다. 효율이 높은 기기를 구입하게 되면서 단위효율은 개선되었지만 그 개선된 에너지 양을 상쇄할 만큼 용량이 커진 제품을 구입하거나, 효율을 높아진 제품을 사용하며 소비자들이 가벼워진 마음으로 기존에 없던 새로운 제품을 추가로 사용하며 전체 에너지 소비의 증가가 발생한다.

에너지 소비를 적극적으로 줄이기 위한 다른 방법은 불필요한 소비를 줄이는 것이다. 에너지 소비를 사회 분야별로 보았을 때 가정이 차지하는 비율은 사실 높지 않다. 산업, 발전, 건물, 수송 분야로 구분 중 산업 부문에서 한국의 모든 에너지의 63.7%를 사용하고 있다(한국에너지공단, 2021a). 어느 분야보다 많은 에너지를 소비하고 있는 산업은 소비자인 우리를 위해 사업을 진행하고 있다. 결국 집에서 사용하는 에너지뿐만 아니라, 사용하는 모든 것에 대해 불필요한 소비를 줄일 필요가 있는 것이다.

우리나라가 아직 선진국의 대열에 들지 못했을 때의 '아나바다' 운동이 있었다. 아껴 쓰고, 나눠 쓰고, 바꿔 쓰고, 다시 쓴다라는 의미의 운동이었는데 환경 위기를 막기 위해서 우리나라를 포함한 세계는 다시 그때의 생활방식보다도 에너지와 자원을 적게 사용하는 조건으로 돌아가야 한다. 그렇게 한다고 하더라도 증가하는 인구와 사람답게 살기 위한 최소 에너지 자원의 필요에 의해 환경의 위기를 막을 수 있을지는 불확실하다. 게다가 이 방법이 성공적으로 실행된다면 소비위축으로 인한 경제적인 고통 또한 따를 것이다. 우스개소리였을지도 모르지만, 어떤 제품을 만들었는데 고장이 나질 않아 한 번 상품을 구매한 소비자가 다시 구매를 하지 않게 되어 회사가 망했다는 얘기가 있었다. 제품의 소비가 감소하게 된다면 생산업이 맞이할 충격은 작지 않을 것이며 이로 인한 경제적 피해가 발생하게 될 것이다.

'환경의 미래는 어차피 우울하다', '그러니 나 하나쯤이야, 어차피 환경을 위해 살기는 힘들고 귀찮으니 편한 대로, 그냥 살던 대로 살겠어' 라는 식의 생각을 가지고 준비나 대비를 하지 않는다면 결국 다가올 환경적 피해 이외에도 개인적으로 경제적 피해를 맞게 된다.

왜 개인적인 피해를 입게 되는지는 다음과 같다. 지구온난화를 걱정하는 친환경적 입장에서는 반가운 사실인데, 화석연료는 매장량의 한계가 있고 원유의 경우 이미 최고 생산량 지점은 지났다고 한다. 유한한 매장량으로 인해 화석연료의 종말은 환경위기가 아니더라도 맞이하게 되어 있다. 다시 말해 시기가 언제가 되든지 원유의 가격은 이제 점차 증가를 하게 될 것이고, 신재생에너지는 생산단가가 감소하여 경쟁력을 갖추는 동시에 원유 가격의 상승으로 인한 추가적 경쟁력의 이점을 얻게 될 것이라는 것이다. 신재생에너지 비율을 빠르게 높이지 않는다면 현재 화석연료 기반으로 우리가 주로 사용하는 에너지 가격은 점점 증가하게 된다. 그렇기에 기존에 살던 대로 그저 그대로 살아가려는 사람들은 신재생에너지 또는 환경의 대비를 하지 않으므로 개인적으로 가중된 피해를 경제적으로 입게 되는 것이다.

도시의 우리들은 추울 땐 난방으로, 더울 땐 에어컨을 사용하여 몸을 편하게 하며 혹한과 폭염 등의 환경 문제에 관해 쉽게 망각한다.

• • •

탄소발자국(carbon footprint)이 발생한다. 살아가는 데 있어서 무엇인가가 얼마나 필요한지 우리가 스스로 결정해야 한다. 그래서 물건이 아닌 얼마만큼의 탄소를 배출하는지를 구매해야 한다.

환경에 대한 나의 생각

환경에 대한 나의 생각

환경에 대한 관심의 시작

환경에 대한 나의 관심은 초등학교(당시에는 국민학교로 불리던) 1학년 혹은 2학년 때부터 시작되었다. 아버지가 운영하시던 조그만 상가에 연결된 우리 집(부모님과 형과 나, 네 식구가 세 들어 살던 단칸방이었다)의 이웃집은 연탄 가게였다. 아직 쌀쌀하던 날씨에 봄비가 내리던 어느 등교 날 아침, 그 연탄가게 작업마당에서 보았던 두꺼비로부터 내가 기억하는 환경 사랑은 시작된다. 흙 표면이 연탄 가루로 덮여 까만 색이던 흙 마당의 그 두꺼비는 영어 한마디 모르는 어렸던 내게, 그리고 이제는 세상 돌아가는 것에 관심을 갖는, 나이 들어가는 중년의 아저씨가 된 나에게 잊히지 않는 기억으로 남아 있다.

내가 초등학교를 다니기 시작한 1990년쯤 전후의 우리나라 대도시의 환경은 흙 표면의 공터, 밭이나 단독주택 정원을 어렵지 않게 볼 수 있었던 걸로 기억한다. 당시 두꺼비를 처음 본 내가 살던 지역은 걸어서 10분 정도 거리에 기차역이 있던 우리나라 주요 대도시의 중심지였다. 10살도 안 된 초등학생이 쉽게 걸어서 갈 수 있는 거리에 큰 규모의 밭이 있을 정도로 흙 표면이 많은 것은 아니었지만, 정원이 있는 단독주택의 주거 문화가 일반적이었고, 주택의 정원이 아니더라도 흙이 노출된 표면은 뒷동산이나 놀이터, 학교 운동장 및 시설 등 어디서나 쉽게 볼 수 있는 편이었다.

그래서인지 지금의 대도시 아이들보다 나는 자연을 더 느끼며 살아왔던 것 같다. 해질녘이면 하늘에 날아다니는 박쥐를 어렵지 않게 볼 수 있었고, 날씨가 더워진다고 느낄 때면 나비가 날아다니고, 꽃이 많이 피는 곳에선 조심하지 않다가 벌에 쏘이곤 했다. 여름 아침엔 전봇대에 이어진 전깃줄에 제비가 모여 앉아 있는 것도 일상이었다. 지금은 어릴 적 이후 해질녘 하늘에 박쥐를 본 것이 기억에 없고, 제비는 공기 좋은 도외 지역을 가야 날아 다니는 것을 조금 볼 수 있고, 꿀벌이 대규모로 줄어드는 요즘에 도외지역에 사는 나조차 주위에서 꿀벌 보기가 쉽지 않다.

지금 내가 사는 곳은 서울에서 한 시간 정도 거리에 위치한 작은 산과, 풀, 나무가 많은 지역이다. 그래서인지 박쥐가 보이지 않아도, 꿀벌을 본 적이 없어도, 덥지 않은 6월 오전의 산들바람을 느끼며 푸른 산과 들판을 보고 있으면 마음이 편해지며 환경 오염을 다른 지역보다 덜 느낀다. 도시의 우리들은 추울 땐 난방으로, 더울 땐 에어컨을 사용하여 몸을 편하게 하며 혹한과 폭염 등의 환경 문제에 관해 쉽게 망각한다. 몸이 편하거나, 먹고 사는 등의 생업에 의해 사로잡혀 있는 상태이지 않은 이상 환경에 대한 문제는 쉽게 떠오르지 않는다. 폭염과 폭우에 피해를 입는 것 외에도, 일반적인 텔레비전 프로그램을 보다가 또는 지나가는 차를 보다가 환경 문제를 떠올리는 나 같은 사람이 아니라면 말이다.

컴퓨터 프로그램 전공으로 대학을 다닐 때였다. 전공과목으로 랩 시간이라고 해서 3시간 동안 주어진 목적의 컴퓨터 프로그램을 만들어야 하는 시간이 있었다. 간단한 프로그램이지만 3시간이 지나는 순간 끝마치고 일어나는 사람은 몇 십 명 학생 중 한 손에 꼽는 게 일상이었다. 그런 랩 시간 수업이 있어 집에서 학교로 가는 버스를 타고 창가에 앉아 밖을 바라보고 있었다. 나는 조그마한 물이 흐르는 천변의 집들은 개천에 의해 여름에 모기는 없는지, 겨울이면 더 춥지는 않는지, 물가라서 습도가 상대적으로 높은 점으로 문제는 없는지 등의 환경으로 인해 사람이 살아가는 생활에서 발생할 수 있는 여러 가지 이슈에 대해 생각하고 있었다.

내가 좋아하던 자연과학을 두고 서울 소재의 대학에 장래가 유망하다는 컴퓨터 전공으로 어찌어찌하여 갔지만, 자연과학에 대한 꿈은 프로그래밍 실습으로 준비해야 할 시간에도 그렇게 환경에 눈을 돌리게 했다. 아침 7시 반에 등교해서 일찍 끝나면 저녁 10시 또는 11시 40분에 하교하게 되는 고등학교 생활 중에도 식물도감, 동물도감 등을 부모님께 부탁해 틈틈이 보던 나였다. 버스에 앉아 있던 나는 혹시 미래에 성공하지 못하고, 장래가 없고, 그리고 이 선택을 후회하게 될지 모르더라도 내가 원하는 것을 해야 죽이든 밥이든 만들어 볼 것 같다는 생각을 했다. 그로부터 20여 년이 지난 지금, 아직 이루어 놓은 것도 없고 이 글을 쓰면서도 이 글이 죽이 될지 밥이 될지는 모른다. 내가 좋아해서 시작했던 공부가, 그리고 일이, 이제는 반드시 누구라도 해야 하는 일이 되어 버렸기에 '환경 공부한 나는 당연히 뭐라도 해야지'라는 마음이 들어 먹고사는 일을 뒤로하고 해야 하는 일을 하는 중이다.

책을 낸다고 해서 성공하여 먹고 사는 일이 보장될 수 있을 거라는 생각은 매우 순진한 생각이라고 나 스스로도 생각한다. 더군다나 이 책의 분위기는 적어도 우리나라 사람들 대부분이 집중하는, 현재에 먹고사는 데 목을 매는 물질적 풍요로움에 대한 불만을 표하는 그것이다. 당연히 다수 대중으로부터 큰 인기를 얻기는 힘들 것으로 본다. 책을 쓰는 것에 집중하기 위해 수입이 생기는 일도 찾지 않고 있는 나는, 책을 마치는 대로 일자리를 알아봐야 한다. 40대에 일자리를 구하는 것은 쉽지 않겠지만, 내가 나이 먹어 살아갈 상대적으로 더 힘들어질 폭염 속의 세상과 내 아이가 살아갈 더 심한 폭염과 기후변화의 세상을 생각하면 그리 힘들지 만은 않으며 실제 앞으로 다가올 고난에도 적지 않게 힘을 낼 수 있을 것 같다.

부정할 수 없는 지구 온난화

과거 내가 원래 다니던 대학을 관두고 환경 공부를 새로이 본격적으로 시작할 무렵 미국 부통령을 지낸 앨 고어의 '불편한 진실'이 나왔다. 그때만 해도 기후변화의 원인을 지목하는 데 있어 인류의 경제활동에 의한 온실가스의 증가를 주장하는 그룹과 그것을 음모론이라 하며 반대하는 회의론자의 의견이 꽤 있었다. 그때에도 나는 지구 온난화와 기후변화에 대한 원인이 인류의 경제활동일 것이라는 데 동의했다.

회의론자들의 주장과 인류의 경제활동을 원인으로 지목하는 나의 개인적인 추측성 지지('~일 것이다')에는 공통점이 있다. 과학적 실험을 통한 증명이 안 된다는 것이다. 수많은 자료와 수치들로 IPCC의 학자들이 발표한 최근 보고서는 지구온난화가 99% 이상 인류의 영향이라고 하지만, 이것은 많은 데이터의 종합으로 인한 결과이며 현재 우리 문명을 이룩한 과학적 실험으로는 증명되지 않았다.

과학적 실험으로의 증명은 동일한 조건으로 무엇인가를 구현했을 때 신뢰할 만한 확률로 같은 결과가 나와야 한다. 또한 명시된 실험과정이 존재하며 어느 정도의 실험능력을 지닌 아무나가 정해진 방법에 따라 실험을 했을 때 같은 결과가 나와야 한다. 지구 온난화에 대한 과학적 실험의 증명은 같은 조건(인구, 지구 구성 비율, 경제 활동, 현재 기후 등)의 지구가 충분히 있어야 가능하다는 말이다.

학자들에 비해 많이 모자란 내가 아는 바로는 지구는 하나다. 저 멀리 우주 어딘가 생명이 살 수 있는 조건의 행성도 있고, 어쩌면 지성을 갖춘 생명이 살고 있는 행성이 있을 수도, 지구와 닮거나 어쩌면 지구와 똑같은 행성이 영화에 나오는 것처럼 다른 차원에 존재할 수도 있다. 문제는 우리가 실험을 위해 지구의 복사본에 닿을 수 있는 방법이 현재는 없다는 것이다. 내가 아는 바로는 지구온난화의 과학 실험 증명을 위해 또 하나의 지구를 이용한 시도는 현재 불가능하다.

아직도 존재하는 기후 회의론자들의 기후변화 원인에 대한 인류 책임설의 부정과 나의 긍정 지지 모두 지금은 실험으로 증명을 할 수 없다. 그럼에도 부정할 수 없는 분명한 사실은 지구의 온도는 지난 긴 세월에 비교하여 급격히 상승하고 있다는 것이다. 지구는 뜨거워지고 있고 대기 중 온실가스 양은 증가하고 있으며 기후는 변하고 있는 것이다. 이것은 우리가 쉽게 구할 수 있는 아주 간단한 도구인 온도계와 각종 기기들이 알려주는 일이다. 이것들은 기후 회의론자들마저도 부정할 수 없는 날것 그대로의 기록이자 사실인 것이다.

부정적 전망을 할 수밖에 없는 이유

나는 환경에 열정을 가지고 환경 공부를 시작했고 환경에 대한 열정과 관심은 지금도 변함없지만 환경의 미래에 관해서는 지극히 부정적이다. 우리 인류의 현재까지의 발전을 화석연료에 맡겨온 지금, 사회는 온실가스를 당장 중단하기 위한 계획과 실천력을 가지고 있지 않다. 신재생에너지의 필요성은 꾸준히 제기되어오며 에너지전환은 세계 곳곳에서 이루어져 왔다. 그럼에도 불구하고 2020년 기준 세계 발전량 중 신재생에너지 비율은 전체 3분의 1이 되지 않는 27.0%였다(한전경영연구원, 2021). 그리고 2020년 세계 전체 에너지 소비량 기준에서의 비율은 화석연료가 83.7%이고 신재생에너지인 태양에너지와 풍력은 3.9%, 수력까지 더해도 고작 10.8%이다 (Our World in Data, 2022).

환경의 위기와 나아지지 않고 악화만 되는 현재와 미래, 그리고 개선 의지가 보이지 않는 우리들의 모습은 내가 공부를 할수록 여실히 다가왔다. 그래서 너무나 암울한 환경적인 미래에 절망하고 좌절한 채로 환경에 대해 이렇다 할 만한 아무 일도 하지 않고 살던 때도 있었다. 여러 국가의 주요 인사들은 내가 2010년쯤에 느끼게 된 무력감의 원인을 교토의정서가 채택된 1997년에 모두 인지하고 있었고 대책을 세우려 했다. 그리고 그로부터 25년이 지난 2021년 대기중 이산화탄소 농도는 416ppm으로 1997년 364ppm보다 52ppm

증가했다. 25년 동안 증가율의 평균은 2ppm/년이지만 연평균 증가 폭은 1997년보다 25년 후 더 커졌다.

기후온난화에 대비했던 가장 중요한 행동 중 하나였고 온난화를 대비하기 위해 50여 선진국들이 뜻을 모았던 교토의정서로부터 25 년이 지난 시점에도 우리 활동의 80% 이상은 온실가스를 배출한다. 100km/h로 달리는 자동차를 당장 브레이크를 밟아 멈추려 하더라 도 자동차는 탄성에 의해 타이어 자국을 남기며 50미터 정도를 더 나아 간다. 그마저도 브레이크를 밟은 순간부터 50미터이고 운전자 가 브레이크를 밟아야 하는 원인을 발견하고 브레이크를 밟는 데 걸 리는 반응시간까지 고려한다면 훨씬 더 길어진다.

환경에 있어 우리는 아직 브레이크를 밟지 않고 있으며 브레이 크를 밟기까지 매우 긴 반응시간만 걸리는 중이다. 기적 같은 방법 으로 화석연료 사용을 지금 당장 모두 중단한다고 해도 이미 산업화 이전 대비 섭씨 1도 이상 오른 지구의 기온은 향후 100년여간은 증 가할 것으로 과학자들은 예상하고 있다. 화석연료 사용을 당장 멈춰 서 온실가스 배출을 멈추는 것은 자동차의 브레이크를 밟는 것이 아 니다. 자동차에 비교한다면 엔진이나 모터에 가는 에너지원을 차단 하는 것일 뿐이다.

동력이 멈춘다고 해도 탄성에 의해 자동차는 계속 움직이듯 대기

중에 이미 있는 온실가스와 지구에 축적된 열로 인해 온난화는 계속된다. 이는 인류의 활동에 의한 온실효과로 발생된 열에너지의 93%는 바다를 데우고, 5%는 빙하를 녹이며, 나머지 2% 정도만 지구 표면 온도를 높이는 데 사용되기 때문이다(Zanna et al., 2019). 93%의 바다로 들어간 열에너지의 많은 부분이 100년여간 다시 바다 밖으로 나오며 대기를 뜨겁게 만들 거라는 얘기다.

섭씨 1도 이상 올라버린 지금 지구 온난화를 멈춘다는 뜻은 기적적으로 온실가스 배출을 중단하는 것에서 더 나아가야 한다는 뜻이다. 다시 말해 온실가스를 배출하지 않는 방법의 에너지를 사용하며, 대기중의 온실가스를 산업화 이전 수준으로 흡수하고, 해양에 그동안 흡수된 원자폭탄 30억 개 분량의 에너지를 온난화에 기여하지 않도록 잘 처리해야 한다는 이야기다.

세계 각국의 가장 희망적인 탄소 배출 감소 정책 등을 아무리 긍정적으로 봐도 최소 수십 년 동안은 이미 바다로 들어간 열에너지로 인해 100년이라는 엄청난 지구온난화의 탄성을 얻었다. 그리고 화석연료를 당장 끊을 수 없는 현재의 세계는, 적어도 수십 년 동안 사용될 화석연료가 추가적인 탄성을 꾸준히 더 해갈 것이다. 누군가는 열을 흡수하는 장치나 시스템을 만들어 지구온난화를 느리게 하거나, 거꾸로 되돌릴 거라 생각할 수 있을지 모른다. 안타깝게도 나는 영국 옥스퍼드 대학의 물리학 교수 로르 잔나가 얘기한 인류가 화석연료 사용을 시작하면서 지금까지 히로시마 원자폭탄을 매초 1.5개 터뜨린 양의 바다에 축적된 에너지 양을 상회할 수 있는 실용적이며 현실적인 열 흡수 시스템을 본적도 들어본 적도 없다.

마이크로소프트의 창업자이자 세계적인 부호인 빌 게이츠는 지구온난화에 대한 온실가스 포집과 같은 여러 가지 기술적인 해결방법을 자신의 책에 담았다. 그 책에서 빌 게이츠는 자신이 얘기한 방법들이 현재 세계 경제규모의 비용 대부분을 할애하거나 그 이상을 투자해야 한다는 얘기도 했다. 그는 희망적으로 얘기하지만 경제 활동 모두를 다른 데 쓰지 않고 온실가스 제거에 투자할 수가 없기에, 현재는 온실가스 흡수 시스템이 실현 가능하지 않다는 이야기였다.

교토의정서라는 지구온난화를 해결하자고 약속한 가장 큰 모임 이후 우리의 현재를 보았다. 그리고 그런 세계가 힘을 선사한 현시대 큰 영향력을 가진 사람들이 제시하는 방법과 그려질 미래를 보며 환경을 공부한 나는 낙담하지 않기가 매우 쉽지 않았다. 부정적일 수밖에 없고 매우 힘든 현재의 환경 상황에 거의 포기도 했었지만 다시 이렇게 글을 쓰는 이유에는 몇 가지가 있다. 아무것도 하지 않으면 아무것도 바뀌지 않는다라는 말이 있다. 가장 중요한 이유는 내가 아무것도 하지 않으면 아무것도 바뀌지 않기는커녕 열심히 온실가스를 배출하는 행동들에 의해 기후는 더 빠르게 바뀌기 때문이다. 더위에 약한 나 자신과 나보다 더 오랫동안 미래를 살아갈 나의 자녀를 포함한 미래 세대를 위해, 너무나 어둡고 힘든 미래이지만 조금이나마 나은 환경이 만들어지기를 바란다.

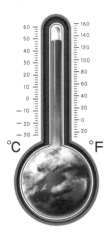

이기적인 마음

성경을 읽고 인간 중심의 세계의 의미에 대해 사색을 하던 중 문 득 이런 생각이 들었다. 환경 문제가 심각해져 인류가 모두 멸망한 다는 것은 지구나 자연환경이 멸망한다는 것이 아니다. 성경에서 보 나 진화설로 보나 인류는 가장 마지막에 생겼다.

세계 4대강에서 농경을 하며 시작된 4대문명은 그 기간이 고작 1 만 년도 안 된다. 지구의 시간이라 볼 수 있는 지질학 그래프는 보 통 100만 년 단위로 그려진다. 그래서 지질학 그래프에는 지난 대 멸종들이 짧게는 100만 년에서 길게는 1,000만 년 동안의 진행으로 그려진다. 5번의 대멸종 중, 자연환경이 모두 없어지고 새로 시작한 적이 없다. 그리고 대멸종으로부터 회복은 길게는 1,000만 년 정도 가 걸린다고 한다. 100만 년은 지구 전체 나이도 아닌 그저 현재까 지 지구 나이인 45억 년의 고작 0.02%, 1,000만 년은 0.2% 정도이 다.

인류 문명 전체의 시간은 신석기부터라면 1만 년, 4대 문명으 로 보면 5000년 정도이다. 길게 보아 신석기 시대를 포함하면 다시 100만 년의 100분의 1(지구 나이의 0.0002%)이다. 앞으로 지구의 남은 나이를 고려하지 않고 45억 년만 인간의 나이와 비교하여 100년을 인생이라 본다면, 지구의 긴 대멸종이나 회복에 걸리는 1,000만 년은 2.7개월 정도이다.

지구와 생태계를 사람의 몸에 비교했을 때, 스포츠 스타일이 아닌 남성의 적당한 길이의 머리든 여성의 단발 머리든 그 정도 머리가 새로 자랄 시간도 되지 않아 지구는 대멸종에서 회복된다는 얘기다. 앞으로의 지구 수명을 생각해 본다면 대멸종의 회복이라는 기간은 훨씬 더 짧다. 지구의 입장에서 우리가 누리고 있는, 우리는 없으면 먹을 것도 구하지 못해 살아가지 못할 소중하고 중요한 우리의 환경은 길어지면 자르는 손톱이나 머리카락 정도도 되지 않을지 모른다. 우리가 없어져도, 우리가 환경을 파괴해 대멸종이 와도, 지질학 그래프를 펼쳐 놓으면 지구의 눈에는 반짝 하는 별 영향일랑 미치지 못하는 그런 사건일지 모른다는 것이다.

그렇다면 결국 내가 하려는 환경을 보호하는 일은, 지구를 위한 것이 아니라 나를 포함한 우리가 살아남기 위해 하는 일이라는 것이다. 우리를 위한, 나 자신을 위한 이기적인 일이지만 나 이외의 다른 사람들을 위한 이타적인 일이기도 하다. 지구 입장에서 고작 1,000만 년만 지나면 회복할 환경만을 생각한다면 지구는 인류를 괴롭게 하며 인류에게 점점 위험해지는 환경에는 아무것도 하지 않아도 된다. 인류가 없어지면 환경은 지구의 눈엔 길지 않은 시간만으로도 다시 회복할 테니까.

정말 자신을 포함한 인류를 생각하지 않고 지구를 생각하는 사람은 어떤 영화에 나오는 악당처럼 자신들을 포함한 인류 모두가 없어지길 바랄지도 모른다. 그렇지만 그럴 일은 정말 존재할 거라고 믿기 힘들다. 우선 자의식을 떠나 무의식 부분을 고려해봤을 때 동물적 본능에 의해 누구나 모두가 살고 싶어 하기 때문이다. 단, 지극히 강한 자의식으로 무의식을 지배하여 그런 동물적 본능마저 자연스럽게 거부할 수 있는 초인적인 정신을 가진 사람은 없기 때문이다. 그런 능력이 있는 사람이 설혹 존재하더라도 환경 문제 해결에 대한 목적을 가지고 많은 사람에게 영향을 미칠 힘이 자본주의 자유시장의 체제에서 그런 사람에게 가기는 불가능하다고 본다.

환경을 위해 일하는 단체들이 경제적으로 힘들고, 경제적으로 힘센 기업이나 단체, 국가들이(현재는 친환경으로 보이더라도) 그동안 환경적으로 어느 정도의 에너지와 자원을 사용해왔으며, 기후변화가 심각해지는 부분에 얼마나 기여해 왔을지를 생각해보면 답은 자연스레 나온다.

다시 말해 환경을 지키기 위해 무언가를 한다는 것은 자신을 포함한 우리가 살기 위한 노력이다. 이를 하지 않는 행위는 환경과 자신의 생존/건강한 삶의 영위의 깊은 인과성에 대해 무지하거나, 자신이 환경에 의해 어찌되든 괜찮다고 하거나 또는 그렇게 되지 않을 거라고 잘못 생각하거나, 다 알고도 이익을 위해 무시하는 경우 중 하나일 것이다.

프랑스의 대통령 마크롱은 환경문제에 대한 대책의 일환으로 유류세를 인상하려 했다. 자동차가 일반화된 선진국에서 대중의 이동의 자유가 유류 가격인상으로 인해 침해당하고, 자유가 아니더라도 출퇴근 또는 일을 하는데 차를 이용하게 되는 사람들은 가정경제에 부담을 지게 된다. 이외의 이유가 있을 수 있지만 어쨌든 노란 조끼라는 이름으로 사람들이 크게 들고 일어나게 되었다. 자동차가 일반적이지 못한 개발도상국들의 환경으로 인한 피해와 기후 난민은 물론이고 선진국과 개발도상국을 가리지 않는 산불, 가뭄, 홍수, 태풍, 온열성 질환 등의 피해는 아쉽지만 노란 조끼 개인들 이동의 자유와 재정적 부담 등에 비해 우선되지 못했다.

현재의 환경문제는 좌시할 수 없는 중요한 사안임을 대부분의 사람들이 공감을 한다. 그렇지만 유류세 인상과 같은 이슈들은 대를 위해 소(자신이 포함될 때)를 희생하는 양상으로 보이는 것이다. 환경문제의 시작은 대를 위한 소의 희생이 원인이 된 것이 아니다. 모두를 위한 것이라는 충분한 설득의 부재와 발생할 수밖에 없는 이익침해에 대한 납득할 만한 보상, 또는 대책이 존재하지 않기 때문이라 생각한다. 또한, 그보다 먼저 우리가 그동안 자동차와 같은 편리함을 누리며 발생하는 부산물로부터의 피해에 대한 가격이 책정되지 않았고, 그 책정되지 않고 누적되어버린 가격은 현재 피해로 나타나고 있지만 그 피해의 책임은 노란 조끼의 경우처럼 이해하지 못하며 아직도 책임지는 데 적극적이지 않다는 것이다.

모두가 살 수 있는 길을 위한 정책과 규제는 반드시 필요하다. 하지만 그것을 위해 현재의 편리함을 희생하려 하는 이는 사람은 많지 않다. 당연한 반응이다. 모두가 살기 위해 모두가 희생을 한다면 불만은 최소화할 수 있지만 모두가 살기 위해 누군가가 희생을 해야 한다고 하는, 마치 영화에서처럼 누군가 나서는 것은 쉽게 보기 어렵다.

그래서 나는 나의 편리함이라는 생각이 아니라 건강하게 살고 싶고, 내가 사랑하는 사람들이 건강하게 살면 좋겠고 힘들지 않았으면 하는 이기적인 마음으로 오늘도 환경에 대해 생각한다.

생각을 바꿔야 하는 환경 운동

환경운동의 성공은 얼마나 환경에 효과적으로 더 많은 사람들이 생각을 바꾸는가에 달려 있다. 우선 환경에 효과적이라는 말은 환경에 도움이 되는 방향으로의 의미이다. 온실가스 자체는 없애야 하는 것이 아니다. 오히려 지구에 온실가스가 전혀 없다면 생명이 거주할 수 없는 다른 행성들처럼 지구의 평균 온도가 너무 떨어지게 되어 사람조차 살기 힘들어진다. 너무 깨끗한 물에는 생물이 살지 않듯이, 양이 너무 많다면 오염이 되는 물속의 질소와 인 등의 영양염류도 생물이 살기 위해 필요하다. 물속의 영양염류가 많아져 사람이 사용하기 힘들게 오염이 되는 것처럼 온실가스도 현재는 필요한 양의 적절한 범위에서 벗어나 과하고 급격하게 증가하고 있다.

현재 환경 문제에 대한 대응은 나타나는 증상을 제거하여 해결하는 결과론 시점의 메커니즘을 주로 보이고 있다. 온실가스로 인해 기후변화가 발생하니 온실가스를 줄이는 것에만 집중한다. 탄 고기를 많이 먹어 암이 발생한다는 이유로 탄 고기 말고 타지 않은 고기를 '많이' 먹는다. 화석연료를 많이 태워 온실가스가 발생하기에 화석연료를 태우지 않는 전기로 가는 차를 많이 타게 된다. 하지만 고기를 많이 먹게 되어도 건강문제는 발생할 수 있다. 온실가스를 아무리 줄이더라도 에너지 사용이 많다면 문제는 얼마든지 발생할 수 있다.

탄 고기를 먹지 않는 것이 중요하듯, 온실가스를 줄이는 것은 중요하다. 다만 탄 고기만을 먹지 않는 것이 좋은 방향이라고 말하기 힘든 것처럼 화석연료만 없앤다면 우리가 예상하지 못한 또 다른 문제를 발생시킨다. 냄새 나는 우마 대신 화석연료를 태워 차를 움직이기 시작했을 때 온난화를 생각하지 못했던 것처럼, 무겁고 가공하기 어려운 나무, 돌, 금속의 재질 대신 플라스틱을 사용하기 시작했을 때 썩지 않는 쓰레기를 생각하지 못했던 것처럼 말이다.

이는 원인에 접근하는, 자연으로부터 발생한 동양적인 사상과 대조를 이루는 서양사상에 가깝다. 서양 의학은 암이 발생한 부분을 칼로 제거하여 병을 고치는 방법을 위주로 발전되었고, 한의학은 몸이 약해진 부분이 병을 발생시키는 것으로 보고 가장 근본 원인이 되는 몸을 바르게 만들어 병을 치유하는 방법으로 발전되었다. 각각 발전해 온 주요 방식은 다르지만, 한의학에서도 곪은 상처를 도려내고 서양 의학에서도 우리 생활 양식을 통해 병의 원인을 파악한다. 주위에서 빨리 낫기 위해, 또는 한곳만 다녀서는 잘 낫지 않아 병원과 한의원을 같이 다니는 사람을 종종 봤다. 한의학에서도 증상의 제거가, 서양 의학에서도 원인을 바로잡는 것이 중요한 것을 알며, 이 둘이 함께 적용되었을 때 시너지, 더 빠른, 그리고 더 좋은 결과를 가져오는 것을 가르쳐준다.

환경에 있어 문제에 근본적 원인이 되는 것은 우리 사회의 소비

체계 및 그것을 움직이는 우리 자신이다. 결국, 현대에서 우리가 마주하는 환경 문제의 근본적 원인은 에너지와 자원을 사용하는 우리에게 있다.

여기서 문제의 해결이 어려운 점은 식생활을 바꾸는 것이 쉽지 않듯이 우리의 생각을 바꾸는 환경운동은 오랜 시간이 필요하며 어렵다는 점이다. 하지만 어려운 만큼 그 운동의 영향력은 대단해질 것이다. 나라마다 혹은 지방마다 문화는 다르다. 하지만 한 국가에 속한 여러 지방을, 또는 여러 국가를 아우르는 일반적인 윤리, 법률 문제 등은 복잡하면서도 미묘한 원리에도 불구하고 반복적인 교육과 노력에 의해, 상식으로 받아들여진다. 경제가 어떻게 움직이는지 잘 모르는 사람도 자신이 물건을 사게 되면 경제가 돌아가는 데 도움이 된다는 것에 동의할 것이다. 환경 문제도 순환원리를 이해하는 데는 복잡할 수 있지만, 오랜 시간 배우고 중요한 사실이 상식으로 받아들여질 수 있도록 바뀐다면 어려운 경제와 그리 다를 일도 없을 것이다.

물건을 살수록 윤활유를 바른 것처럼 원활히 돌아가는 경제를 느낄 수 있다면, 물건을 살수록 자신의 재정에서 빠져나가는 것이 늘어나 재정이 악화된다는 것은 누구나 알 수 있다. 화석연료 지배구조의 현재 상황에서 에너지와 자원을 많이 사용할수록 환경에 대한 피해는 늘어날 것이라는 것을, 지출을 할수록 재정이 나빠지는 것처럼 생각하고 느낄 수 있게 하면 된다. 그리고 그 방법은 경제를 교과 과정에서 배울 수 있는 것처럼 환경도 현재 문제들의 무게만큼 중요하게 배우게 하는 것이다.

지출이 너무 커져 개인 재정이 악화되지 않도록 하고 기업이나 물건에 투자를 하는 것처럼, 환경에서도 화석연료 기반의 에너지와 자원을 너무 과하게 써서 환경이 더욱 악화되지 않도록 한다. 동시에 신재생에너지처럼 환경 피해가 발생하지 않는 에너지와 자원을 사용한다. 지출을 하지 않고 저축을 해서 재정을 키우는 것처럼, 자원과 에너지의 사용을 자제하여 가용한 에너지 양을 키우며 엔트로피를 줄이고 환경의 자정능력을 키울 수도 있다. 이렇듯 누구나 좋아하거나 좋아하지 않더라도 필요로 할 자본의 경우와 비교하여 우리의 에너지와 자원, 그리고 환경을 대한다면 환경위기에 대한 진정한 문제해결을 멋지게 해낼 수 있지 않을까 생각한다.

필수품을 만드는 것은 소비자

기업은 환경에 대한 영향력이 크다. 화석연료 기반인 현재의 산업 환경에서 기업이 무엇인가를 제조한다는 것은 환경 문제 책임에서 벗어날 수 없는 깊은 관련이 있다는 것이다. 그런 기업을 움직이는 것은 소비력이며, 소비력은 소비자인 우리들이 가지고 있다.

필기구에 대한 애착이란 게 있다. 학창시절을 얘기할 것도 없이, 3차 산업혁명은 이미 과거이며 4차 산업혁명조차 이제 점점 과거가 되어가는, 디지털화가 된 요즘 시대에도 종이와 펜은 입지가 줄어들었을지 몰라도 사라지지 않았고, 사라질 것 같지도 않다. 필기구에 관해서 전부는 아닐 수 있지만 적지 않은 수의 사람들이 펜에 대한 갈망이 있었거나 지금도 가지고 있을 것이다(대형 서점에 가면 항상 있는 필기구 진열대에서 이것저것 써보며 갖고 싶다는 느낌이 생기는 나 자신 역시 그렇다). 열심히 공부를 한 것과 같지는 않지만 펜을 열심히, 매우 많이 사용하다 보면 펜 심을 모두 써버려 갈아 끼워야 하는 순간이 온다.

'플라스틱 재질로 되어 있어 부서져서', '펜을 잃어버려서', '디자인이 싫증나서'라는 이유로 새로운 펜을 사는 것이 아니다. 펜은 손때가 묻어 나이를 먹었는데 심만 갈아 끼우는 것은 말로 설명하기 쉽지 않은 어떠한 쾌감이 있다. 그리고 대부분 이 기분을 겪는 경우는 펜을 구매한 횟수보다 훨씬 적다. 펜 심을 갈아 끼우는 횟수가 펜을 사는 횟수보다 훨씬 적다는 뜻이다. 물론 여기에는 펜 심을 따로 구하기 힘든 이유도 있다.

펜이 아닌 다른 물건을 사용하며 이런 느낌을 느껴본 것이 얼마나 있을까?

개인적으로 20년이 훌쩍 넘은 중학교 때 구매했던 겨울 옷을 보며 그런 느낌을 받았던 것 같다. 현재의 유행에는 전혀 맞지 않고 앞으로의 다가올 유행에도 맞을 일이 없을 것 같은 스타일의 외투였다. 하지만 겉으로 구멍이 나거나, 찢어지거나, 뜯어진 부위는 전혀 없었다. 다만 겉으로는 보이지 않는 안감이 해져 너덜거리는 부분이 있었지만 옷을 입고 다니는 데 문제가 되지 않았다. 오히려 손때가 묻은 세월의 흔적을 간직해서 볼펜 심을 갈아 끼우는 것처럼 말하기 힘든 어떤 느낌을 주었다. 그 외투 이후로 겨울 외투를 산 횟수가 10번 가까이 되는 것 같지만 그 오래된 외투를 입어 겨울 외투의 필요성을 덜 느낀 시간들이 분명 존재했다.

빛이 바래 흰색이 바닐라 색 또는 누런 색이 돼버린 냉장고, 이제는 별로 커 보이지 않는 50인치 텔레비전, 돌려서 시간을 맞추는 게 전부인 다이얼형 전자레인지 등의 전자기기부터 골동품 가게에 가져다줘도 될 듯한 가구들. 버리거나 내다 팔거나 할 때 어떤 아련한 감정이 묻어 나올수록 펜 심을 갈아 끼우는 상황의 부류에 들어가는 물건이라는 뜻일 것이다.

물건은 그렇다. 우리는 별 생각 없이 쇼핑몰이나 백화점을 거닐다 가격이 싸기 때문에, 할인을 많이 하기 때문에 구입을 하게 되기도 한다. 그리고 그렇게 구입한 물건들은 종종 구입할 때 생각했던 본연의 사용 목적이 아닌 공간 차지의 용도로 바뀌곤 한다. 어떤 물건을 오랫동안 많이 쓸수록 그 물건의 필요성은 상대적으로 증가한다. 필요하다고 느껴서 구입한 것이 필요품이 되는 것이 아니라, 많이 쓰기 위해 구입하고 실제로 많이 사용하면 필요한 물건이 되는 것이다.

친환경 제품은 그렇지 않은 제품보다 탄소를 덜 배출할지 모른다. 하지만 친환경 제품마저 정말 필요한 게 아니라서 사지 않는다면, 시장에서의 소비는 줄게 되고 기업들은 소비자의 성향을 파악하여 생산을 조절하며, 결국 내가 사지 않을 제품으로 인한 탄소는 배출되지 않게 된다.

우리가 사는 물건들은 탄소발자국(carbon footprint)이 발생한다. 우리가 살아가며 대기중으로의 추가적인 탄소가 발생하지 않을 수는 없다. 탄소를 전혀 배출하지 않으려면 아주 적은 양이지만 우리가 호흡으로 내뱉는 탄소까지도 멈춰야 하는 것이니 살아 있는 한

탄소 배출을 막을 수는 없는 것이다. 그래서 살아가는 데 있어서 무엇인가가 얼마나 필요한지 우리가 스스로 결정해야 한다. 그래서 물건이 아닌 얼마만큼의 탄소를 배출하는지를 구매해야 한다.

탄소 배출로 인한 기후위기 상황에서 어감이 썩 좋지 않은 표현이지만 우리는 효율적으로 탄소를 배출해야 한다. 그렇게 하기 위해서 우리는 우리가 구매한 물건을 필요품으로 만들어가야 한다. 상품을 만드는 기업들의 마케팅에 의해 소비가 영향을 받기도 하지만 결국 그 기업들이 상품을 얼마나, 그리고 어떤 방식으로 만들지 결정하게 만드는 가장 큰 힘을 가진 것은 우리 소비자이다. 그리고 구매한 상품을 잘 사용해서 효율적으로 필요품으로 만드는 것도 우리가 해야 하는 일이다.

행동하는 사람들

　우리는 지구온난화, 기후변화, 생태계 파괴 등 여러 문제를 겪고 있으며 환경은 점점 나빠지고 있다. 기록적인 폭염, 폭우, 가뭄 등을 겪는 사람들이 환경이 나빠지고 있다고 말하고 걱정할 때, 환경 문제들에 대해 얘기할 때 문득 이런 생각이 들었다. 지금보다 더 심각한 폭염, 폭우, 가뭄 등으로 더 심한 피해를 입을 수 있었지만 환경을 위해 행동하는 사람들 덕분에 그나마 아직 이 정도인 것이 아닐까…

　물이 반쯤 차 있는 물컵에 대한 얘기를 한번쯤 들어본 사람도 있을 것이다. 누군가 '물이 반밖에 없네'라고 하면 다른 누군가는 '물이 아직 반이나 있네'라고 하는 시각의 차이. 환경 문제가 발생할 때마다 많은 사람들이 이렇게 생각할 것이라 본다.

　'사람들이 환경에 도움이 되지 않는 행동을 해서 점점 더 나빠지고 있다', '기업들과 단체들, 정부가 환경보다는 이익을 우선하기에 환경이 점점 나빠진다.'

그런데 여기서 발상을 조금 바꾸어 봤더니, 현재보다 더 심각한 환경피해를 입을 수 있었는데 환경을 위해 행동하는 사람과 단체들이 있어 그나마 이 정도일 수 있다는 생각이 들었다. 그런 사람들이 걱정하지 않았다면, 자신들의 이익에 큰 도움이 되지 않는 환경이라는 공공이익에 땀 흘려 일하지 않았다면, 우리는 지금쯤 이미 눈 대신 비만 오는 겨울을 보내지 않았을까. 가뭄과 폭염, 폭우 등으로 음식 가격이 오르고, 집을 잃고, 물을 사용하지 못하고 어려운 시간을 보내지 않았을까?

환경은 악화일로만을 걷고 있긴 하지만 분명한 사실은 지금도 많은 사람들이 환경을 위해 힘쓰고 있다는 것이다. 그리고 그런 사람들이 점점 많아지다 보면 너무 늦지 않은 머지않은 어느 순간, 현재의 환경문제에 있어 긍정적인 변이점(Tipping point)을 맞이할 것이라는 희망을 품어본다.

예방적 환경접근

양평 서종면에서 서울로 가는 길은 크게 60번도로인 서울 양양 고속도로와 6번국도가 있다. 국도로 가면 약 20킬로미터를 30분 정도 걸려 갈 수 있는데 나는 개인적으로 5분 아끼려 고속도로로 2,000원 정도를 지불하고 싶지는 않아 그냥 국도로 간다. 양수대교나 신양수대교를 건너 4개의 터널을 지나면 내리막이 나오며 맑은 날엔 하남시 도심 전경과 멀리 북한산까지도 눈에 잘 들어온다. 하지만 미세먼지가 심한 날은 가까운 하남시마저도 뿌옇게 잘 보이지 않는다.

뿌연 시가지를 볼 때면 드는 생각은 미세먼지를 일으키는 원인이 국내 화석연료 사용이든 아니든 결국엔 경제발전을 이루고 더 잘 살아보려고 하는 활동에서 발생한다는 것이다. 잘 살아보겠다고 열심히 일한다는데 환경 문제 해결을 위해 에너지와 자원 사용에 제재를 가한다면 당연히 반발이 일어날 것이다. 안타까운 것은 열심히 무언가를 하겠다는 걸 제재하는 문제는 즉각적인 반발을 일으킬 만큼 매우 가까운 문제로 느껴지고, 열심히 일함으로써 환경적으로 발생되는 악영향은 그 만큼의 반발을 일으키지 않는다는 것이다. 법은 멀고 주먹은 가깝다는 말이 있다. 마치 환경 피해 문제는 일반적인 대다수가 일생 동안 직접적으로 겪을 일이 거의 없는 법처럼 멀게만 느껴지고, 자원과 에너지의 사용에 제한을 주는 환경부담금과 같은 가격 상승 요인은 힘을 상징하는 주먹처럼 가깝게만 느껴진다.

일반적으로 이러한 제한의 방법이라는 것은 더 큰 피해가 발생하는 것을 막기 위한 예방책이다. 도로가 움푹 파인 포트홀 등으로 인해 공사를 한다면 교통체증이 생겨 불편할 테지만 그냥 두면 차체 피해나 큰 사고가 발생한다. 기차나 지하철이나 비행기가 문제가 있어 정비를 하게 된다면 지연이 발생한다. 하지만 지연이 불편하다고 그냥 운행한다면 큰 사고도 난다. 불편함을 무릅쓰고 제때 제대로 운영하고 실천한다면 당연히 머지않은 미래에 닥쳐올 피해보다 예방에 드는 비용이 적게 되는 것이다.

이것은 언제 닥칠지 모르는, 혹은 한번도 경험하지 않을지도 모르는 사고를 위해 일정 비용을 지출하는 것과도 비슷하다. 일반적으로는 예방에 드는 비용을 지불하지 않고 나중에 피해가 발생하더라도 개인적으로는 피해를 겪지 않을 수도 있다. 현재 가장 발달한 기술을 적용한 전자 시스템으로도 그 피해가 누구에게 닥칠지는 정확히 예측하지 못한다. 운이 좋지 않아 입는 피해는 당연히 그 피해의 합이 예방에 드는 비용보다 클 것이다. 마치 '나는 사고를 내지 않는다'라고 확신하다 사고가 나고 누군가는 정말 사고가 나지 않고, 또 다른 누군가는 '사고는 언젠가 날 거다'라고 생각하고도 나지 않는 것처럼 예측은 힘들다.

이렇게 어려운 예측결과성에도 많은 사람들이 보험을 든다. 물론 자동차 보험의 경우는 법으로 정한 부분이 크기는 하지만 말이다. 사고 발생 유무가 불확실하기에 보험비용의 지출을 아까워하면서도 여력이 된다면 보험을 드는 이유는 무시하지 못 할 사고의 발생률과 그 피해의 크기에 있을 것 같다. 개인에게 있어 주변의 사고 경험들 또한 보험을 가입하는 사람들의 주요한 이유일 것 같다. 그렇다면 학자들이 얘기하는 앞으로 뻔히 보인다는 환경의 부정적 미래와 피해, 그리고 현재 피해를 입는 주변 사람들을 보면 당연히 환경 문제에도 비용을 들여 예방을 해야 하지 않을까?

불확실한 개인적 사고의 발생과는 다르게 환경은 발생이 확실하며 환경에 보수적인 학자들의 연구를 보더라도 피해 크기는 크며 심각하다. 그리고 개인적으로 직접적인 피해를 피할 수 있을지는 몰라도 직접피해를 입는 대상들에서부터 시작되는 경제피해를 비롯한 여러 간접피해는 피할 수 없다. 또한 환경 피해는 예방활동이 늦을수록 회복가능점을 넘기기 쉽고 피해의 크기가 기하급수적으로 증가한다.

이런 환경피해에 대해 방관적인 사람들의 여러 가지 원인을 생각해 보았다. IPCC와 같은 환경 관계자들의 실현가능한 가장 좋은 미래 시나리오에도 엄청난 피해가 그려지는 상황이다. 이걸 잘 모르는 사람들은 '그냥 어떻게든 되겠지'라는 안일함, 별 생각 없이 더울 땐 에어컨을 켜고, 추울 땐 난방을 하며 '나와 관계없다, 난 항상 문제 없다'라는 착각, '먹고사는 것도 힘든데 그런 건 언제 신경 쓰냐'라는 등의 생각 때문이지 않을까.

환경 문제에 대한 정보는 너무나도 많기에 환경문제를 전혀 몰랐다고 보기는 매우 어렵다. 피상적으로 조금만 알고 있을 수는 있지만 어느 정도 보고 듣고도 위와 같은 이유들이 아니라면 그냥 무시하고 지나갈 수만은 없는 일이다. '나 하나 더 한다고 뭐가 크게 바뀌겠나'라고 생각할 수 있다. 하지만 반대로 생각해보면 '나 하나'들이 없으면 시작되지도 않았을 환경 문제이다. 화석연료를 사용하는 기업이나 단체는 이익을 얻기 위해서이고, 그 이익은 소비로부터 나오며, 소비는 소비자인 개인이 하는 것이기 때문이다. 나부터 바뀌지 않으면 기업과 단체는 바뀌지 않으며, 혹 기업이나 단체가 먼저 바뀌더라도 나와 같은 개인이 공감해주지 않으면 그들은 성공하지 못한다. 그래서 나도 자주 생각한다. '나부터 바꾸자'라고.

지속가능한 파괴

지속가능한 발전은 곧 지속가능한 파괴이다.

우리의 환경은 지키기만 해야 하는 것은 아니다. 우리는 우리 자신이 살기 위해 환경을 이용하고 사용하고 활용해야 한다. 사용하고 활용한다는 것은 형태를 바꾸기도 한다. 그리고 형태를 바꾸는 것은 엄격한 환경보호의 의미에서 봤을 때 환경파괴의 의미가 될 수 있다. 우리가 살 장소를 만들기 위해 나무를 잘라 집을 짓는다면 나무가 속한 생태계로서는 환경파괴이고, 나무를 베지 않으려면 적어도 비바람을 피할 동굴 생활을 위해 땅이라도 파야 한다. 우리가 살아가기 위해서 적어도 다른 생물들의 터전이 될 면적만큼을 어떤 형태로든 빼앗게 되는 것이다.

그 형태가 어떻든지 우리 자신의 생활 영위는 단순하게 무조건 지키는 엄격한 환경보호 의미에서의 파괴가 동반된다. 그러니 최소한의 삶의 범위에 대해 논란이 있을 수는 있지만 그 자체마저 환경파괴가 따른다며 비난하는 사람은 있을 수 없다. 그런 사람이 존재한다면 논리적으로 맞지 않다. 다른 누군가가 최소한으로 살아갈 권리를 환경 파괴를 이유로 부정한다면 그 사람의 존재를 부정하는 것이 되고, 그런 부정을 하려는 당사자의 존재 또한 숨쉬며 이산화탄소를 내뿜어 현재의 환경파괴를 기반으로 하기 때문에 스스로를 기망하게 되는 것이다.

그래서 우리는 엄밀한 기준의 지속가능한 파괴(소비) 정도는 일삼아야 한다. 지속가능한 파괴가 무엇인지 한 세대를 예로 들어 가정 (假定)해보자. 내가 어릴 때 집에서 많이 키우던 것처럼 화분에 고추, 그리고 콩을 집에서 키운다고 하자. 그리고 다른 모든 음식은 우리가 늘 하는 것처럼 마트에서 살 수 있지만 고추와 콩만은 집에서 키우는 것 외에는 구할 수 없으며 모두 집에서 소비된다고 가정하자. 고추 화분 10개와 콩 화분 10개가 있는데 엄마와 아빠 그리고 아이 한 명이 1년 동안 먹을 양이 이 화분들로 충족된다. 그런데 어느 날 고추에 병충해가 들어 2개만 살고 나머지는 죽어버린다. 고추를 이 전과 비교하여 얼마나 소비해야 좋을까?

평소에 일 년 동안 먹던 고추가 화분 10개인데 이 세대는 화분 1개만큼 먹거나 전혀 먹지 못할 것이다. 수확한 고추를 먹지 않는 이유는 평소 먹던 고추 화분 10개만큼의 회복을 위해 고추 화분 수를 늘릴 종자로 써야 하기 때문이다. 안타까운 점은 고추를 덜 먹어야 하는 데서 끝나는 것이 아니라 고추와 관련되어 소비되는 콩 화분의 개체수도 영향을 받는 다는 것이다.

고추장은 콩으로 이루어진 된장과 고추가루로 만들어진다. 해충의 영향을 받지 않은 콩의 생산량은 그대로이지만 고추장처럼 고추와 콩이 함께 소비되는 아이템이 있기 때문에 소비의 형태가 달라진다. 고추장 소비가 없어져 세대 내에서 함께 소비되는 콩 소비가 줄어들 수도 있고, 고추장이 아닌 다른 반찬으로 먹는 고추의 양을 대신하여 콩을 더 먹게 될 수도 있을 것이다. 고추가 줄어든 만큼 소비하는 전체 음식의 절대량이 줄어든다면 큰 문제는 없다.

하지만 고추가 줄었음에도 음식 소비의 절대량이 바뀌지 않는다면 고추로 만드는 음식량이 줄어든 만큼 다른 음식의 소비가 늘어난다. 소비가 늘어나는 음식이 콩이라고 한다면 다음 해의 콩을 위해 종자가 되는 콩까지 소비하게 되며 콩은 지속 가능하지 못한 상태로 나아가게 된다. 결국 지속가능한 파괴(소비)는 병충해가 없었다면 10개 화분의 고추 중 7~8개를 먹고 나머지 2~3개는 다음 해의 고추 종자로 남기는 것이지만, 고추가 병충해 피해를 입은 경우라면 2개를 모두 소비하지 않고 콩의 소비도 변화시키지 않는 것이다.

우리의 전체 에너지 소비량은 꾸준히 증가하고 있다. 2020년 기준 우리나라 전체 에너지 소비의 80% 이상을 차지하는 에너지원은 그 양이 정해져 있고 지속가능 재생산이 가능하지 않은 화석연료이다(한국에너지공단, 2021b). 에너지의 소모를 통해 생산하는 물건을 소비할수록 80% 이상의 확률로 우리는 지속 가능하지도 않은 파괴만을 하고 있는 것이다. 지속가능하지도 않은 고추 화분을 잃어가는 우리는 내연기관차 대신 전기차를 타고 다니며 80%의 확률로 화분을 소모하는 사실을 의도적 무지로 무장하고 콩 화분을 소모하고 있다.

다음 기간에 사용할 화분의 개수를 고려하지 않아 좋지 않은 결말을 맺은 역사적인 이야기도 있다. 섬의 자원을 모두 써버려 멸망했다는 이스터 섬인데, 과거 시간 속 섬 문명의 멸망 학설 중 가장 유력한 하나의 이유처럼(아직 멸망설만 존재하며 과학적 증거는 있지만 확증하지는 못했다) 지속가능한 발전과 소비를 하지 않는다면 우리 역시 지구라는 우주의 섬에서 자멸을 초래할 뿐이다.

환경 풍선 효과

　부동산은 우리나라에서 재테크의 커다란 부분을 차지해 왔다. 서울의 강남, 그리고 서울 주변 신도시 등을 중심으로 부동산 가격이 급등하면 정부와 관련 부처에서는 부동산 시장 과열을 막기 위한 규제와 대책을 내놓는다. 그렇게 대책의 타겟이 된 지역은 어느 정도의 가격 상승 억제 효과를 봄과 동시에 규제의 대상이 되지 않은 인근 지역의 부동산이 뜻하지 않게 급등하게 된다. 부동산 분야에서 풍선효과가 나타나는 것이다. 풍선효과는 공기의 양이 정해진 풍선의 한쪽을 누르면, 누르지 않은 쪽이 부풀어 올라 튀어나오는 것에 빗댄 현상을 말한다.

　이 풍선효과는 부동산 업계에서만 나타나는 현상이 아니다. 이제는 카페에서 일회용 컵을(적어도 카페 매장 내에서 음료를 마시겠다는 손님에게는) 사용하지 않게 한다. 일회용품의 지나친 사용이 환경에 대한 파괴를 일으킨다는 사실로 환경 관련 정부부처와 여러 관계자들이 노력한 결과이다. 소비자들 또한 일회용 컵을 줄이기 위해 다회용 컵이나 텀블러를 구매하여 다니기 시작했다.

모두 환경을 위한 노력이지만 안타깝게도 어떠한 조건을 충족시키지 않는 이상 개별 소비자들의 다회용 컵이나, 텀블러의 구매가 환경에 대한 피해를 항상 감소시키지만은 않는다. 이는 탄소발자국(Carbon Footprint)이라고 하는 물건의 생산과정에서 발생하는 이산화탄소의 배출과 관련되어 있다.

우선 플라스틱 일회용 수저나 포크를 부러뜨리는 데는 성인 어른이라면 큰 어려움이 들지 않는다. 하지만 금속으로 된 수저나 포크는 성인이라도 많은 힘을 들여 어느 정도 휘게 할 수는 있어도 부러뜨리기는 매우 어렵다. 반대로 말하면 플라스틱 보다 휘어지기가 어려운 금속 재질의 물건이 모양을 만들기 위해 가공하여 생산하는 데 더 많은 에너지를 필요로 하며, 플라스틱은 금속제품과 비교하여 가공에 적은 에너지가 소모된다는 말이다.

무게로 보았을 때도 같은 부피이면 플라스틱은 금속보다 훨씬 더 가볍다. 그래서 낱개로 비교하면 플라스틱 제품은 생산과정의 적은 에너지 사용으로 인해 금속 제품보다 적은 탄소를 배출한다. 텀블러와 같은 다회용기의 생산에서 발생되는 더 많은 이산화탄소량을 고려했을 때, 일회용 컵을 한번 쓰는 것보다 훨씬 더 많이 재사용해야 온실가스로 인한 환경영향을 상쇄할 수 있다. 하지만 분실 및 몇 번 재사용되지 않는 짧은 사용기간 등의 이유로 많은 소비자들이 텀블러를 사용한다고 해서 항상 일회용보다 환경에 적게 영향을 주지는 않는다.

일회용 컵을 사용하지 않을 마음보다는 예뻐서 구매한 적지 않은 수의 다회용 컵은 환경적으로 일회용 컵보다 나아지기 전에 사용이 중단되고, 사람들은 다시 일회용으로 돌아가곤 한다. 종합적으로 보았을 때 일회용 컵의 사용을 감소시키기 위해 제재를 가함으로 인하여 한 개당 탄소발자국이 일회용 컵보다 큰 다회용 컵이 풍선효과로 늘어난다. 그리고 구매한 다회용 컵의 충분치 못한 사용은 풍선의 한쪽 면이 들어간 것을 유지시키지 못하고 다시 부풀며, 또한 풍선효과로 부풀어진 다른 부분까지도 추가되는 셈이다.

사람을 위한 환경

전원주택인 우리 집에는 대추나무, 배나무, 오디나무 등 열매를 먹을 수 있는 여러 나무와 텃밭에 심은 야채, 그리고 잔디를 포함한 풀이 있다. 여러 곤충과 동물은 사람이 먹는 열매와 야채라고 부르는 풀 대부분을 먹는다. 그래서 우리는 곤충이 먹지 못하게 약을 뿌리고 동물이 먹지 못하게 울타리나 새를 내쫓을 파수꾼(매 모양의 연, 허수아비 등)을 이용한다.

약을 뿌리는 행위는 우리가 씨 뿌리고, 심어 가꾼 음식에 대한 소유권을 곤충에게 주장하는 것이다. 자신이 아닌 개체에게 무엇인가를 나누어주는 것은 미덕으로 생각된다. 나누어주지 않아도 나쁜 것은 아니다. 우리는 우리가 다닐 길을 만들기 위해, 살 집을 짓기 위해, 먹을 음식을 재배하기 위해 땅을 개간한다. 다른 말로 그 곳에 살던 곤충, 동물뿐만 아니라 식물까지도 전혀 신경 쓰지 않고 우리만의 이익을 위한 공간을 만든다.

반대로 생각해보았다. 식물과 동물들이 자신들이 만들어 내는 것들을 우리와 나누지 않는다. 나누지 않는 행동이 반드시 나쁜 것은 아니니까 그래도 동물과 식물은 나쁜 짓을 하는 게 아니다. 하지만 인간은 먹을 것을 얻지 못한다. 우리의 생존을 위해 절대 있을 수 없는 일이다. 결국 약육강식의 세계인 것이다. 힘이 있기 때문에 우리에게 필요한 음식을 주장하고 식물과 동물이 가져가지 못하게 막는다. 힘의 원리에 의해 지금의 미국 땅에 살던 인디언들은 쇠퇴하고, 미국이라는 나라가 발전했다. 그리고 우리 한국인들도 일본에 의해 지배를 받고 자원의 수탈을 당했었다. 역사가 바뀌어 우리가 쇠퇴했다면, 인간보다 강한 존재가 나타나 우리를 이용한다면 우리는 뭐라고 할까? 식물과 동물이 우리보다 강해져 우리를 이용한다면?

현재 우리는 약육강식에 이치에 의해 당연히 식물과 동물을 포함하는 피라미드의 꼭지점을 차지한다. 지금은 생태계라는 피라미드가 인류세(Anthropocene)를 맞아 제6의 대멸종 속에서 부서져가고 있다. 부분만 부서져서는 다행히도 피라미드는 무너지지 않을지도 모른다. 어쩌면… 부분만 무너지고 전체는 괜찮을지도 모른다. 하지만 안타깝게도 피라미드의 꼭대기는 피라미드의 다른 부분이 몰락할 때 가장 무너지기 쉬운 취약한 부분이다.

꼭대기 부분만 커질수록 꼭대기 아랫부분은 상대적으로 작아지며 커져버린 꼭대기에 더 눌린다. 우리 자신이 피라미드에서 더 큰 부분이 될수록 우리 스스로의 윗부분은 우리의 아랫부분이 받쳐야 한다. 다른 말로 무너지며 작아지고 있는 피라미드의 다른 부분들을 대신해 점점 더 커지는 우리는 스스로를 위한 음식을, 그리고 터전을 만들어야 한다는 것이다. 우리는 음식을 키울 수는 있지만 스스로 만들어 낼 수는 없다. 씨앗에서 과일, 야채, 곡물 등 음식을 키울 수는 있지만 씨앗을 만들 수 없는 것처럼…

환경의 다양함

비가 온다. 차를 운전하는 중 비가 내리기 때문에 해야 하는 행동들이 있다. 우선 차를 운전하는 데 있어 차 앞유리에 부딪혀 시야를 가리는 빗방울을 제거하기 위해 와이퍼를 작동시킨다. 와이퍼 외에도 비가 오면 높은 습도와 외부와의 온도 차로 인해 유리가 뿌옇게 되어 시야를 가리는 것을 없애고 방지하기 위해 흔히 말하는 차량의 에어컨, 공조장치도 작동시키게 된다. 이렇게 비나 눈이 오면 와이퍼, 어떤 차량들의 경우엔 눈길에 맞는 운전모드를, 어두워지면 차량의 헤드램프를, 날씨가 춥거나 더우면 공조장치로 따뜻하게 하거나 시원하게 조절한다.

가고 서고 방향을 조절하는 것만 생각한다면 간단하다 생각될 수 있는 운전이지만 위에서 말한 날씨를 위한 행동 이외에도 외부에서 움직이는 물체의 유무, 움직이는 물체가 있다면 속도와 방향 등 고려해야 할 것이 많다. 기본적으로 날씨라고 하는 변화하는 환경에 맞추어 운전자도 무엇인가를 해야 한다. 하지만 신경 써야 할 게 많은 이런 운전도 우리가 살아가는 매우 많은 생활의 모습 중 한 부분일 뿐이다. 달리 얘기한다면 하루 또는 단 며칠의 환경이 변화함에도 우리 생활의 무언가를 열심히 맞추어 조절하는 행동을 해야 한다는 것이다.

날씨 같은 환경의 변화에 따라 우리가 무엇인가를 하는 행동의 이유를 단지 불편함을 없애려는, 그래서 꼭 하지 않아도 되는 일로 생각할 수도 있다. 곰곰이 생각해보면 비 오는 날 시야를 확보하여 교통사고를 막는 등의 문제는 불편함을 넘는 필수적으로 해야 하는 일이다. 날씨에 따라 뭔가를 해야 하는 것은 날씨가 우리 생활에 많은 영향을 미치며, 비가 내린다면 비 내리는 것을 막지 못하기 때문에 우리가 행동을 거기에 맞춰야 하는 것이다(인공강우 등 과학적인 기술이 있긴 하지만 예측하기 힘든 여러 다른 연쇄반응 같은 안전성의 이유가 있고, 운전 등 우리 일상생활을 위해 사용하지도 않는다).

이 말은 날씨를 포함하는 환경을 바꾸는 것이 매우 힘들다는 뜻이고, 산업혁명 이후 변해 버린 약 섭씨 1도 이상의 지구 평균 기온 증가(히로시마 원자폭탄이 1.5 초에 한 개씩 터진 규모)라는 사실은 내게 엄청난 것으로 느껴진다. 우리가 쌓아온 지구 대기중의 이산화탄소의 양은 내게 인류가 쌓아 온 그 어떤 업적보다 더 크게 다가온다. 그 어떤 명작을 모아둔 미술관들이나 몇 천만 년 전 살아오던 생물들의 자취와 인류 역사를 담아둔 박물관, 엄청난 문학 지식과 양식을 모아둔 도서관이나 데이터베이스 등을 모두 합친다고 하더라도, 우리가 고작 200년이 안 되는 시간 동안 쌓은 대기와 바다 중의 이산화탄소량으로 인한 영향이 내게 주는 무게감에 비할 바가 되지 않는다.

기후 변화로 인해 인류가 점점 살아가기 힘들어진다. 변해버린 기후에서 살아남기 위해 우리는 냉방과 난방 등 에너지를 사용해 실내 환경을 조절하는데 그 과정에서 발생하는 이산화탄소라는(높은 화석연료 의존 체계의) 부산물은 기후변화라는 사이클을 가속화시킨다. 그리고 한계에 다다라 마침내 현재 진행 중인 제6의 대멸종에 인류가 포함되게 되면 관람해줄 객체가 없는 미술관, 박물관, 도서관의 인류 기반 시설은 무슨 의미를 가질 수 있는지 생각하게 된다.

문화유산이나 인류의 편리함을 위해 개발된 업적 등을 소개하는 영상물 들에서 자주 나오는 문구들이 있다. '위대한 문화 유산'이라든지, '엄청난 인류의 업적' 등… 지난 100년 동안 기술, 과학, 경제적으로 인류는 눈부신 발전을 이루었다. 눈부시다는 것은 쉽게 이룰 수 없기 때문에, 많은 노력이 들어갔기 때문에 그렇게 표현할 수 있는 것이다. 그리고 안타깝게도 환경을 돌려놓기 위해서는 그 눈부신 것들을 만들었던 것 이상의 노력을 해야 한다. 사실 그렇게 하더라도 이전의 환경을 그대로 회복할지에 대해서는 매우 불확실하다.

모나리자가 레오나르도 다빈치에 의해 몇 년 만에 그려졌는데 불타버렸다고 가정하고 현재 기술로 다시 그리는 것을 생각해보자. 그 그림은 완벽히 재현될 수 있을까? 정의에 따라 불가능하지 않을 수도 있다. 분명한 것은 상당한 기술과 노력이 필요할 것이라는 점이다. 기후변화로 녹아버린 극지방의 얼음과 눈, 높은 산악지대의 만

년설 등은 모나리자보다 정교하지 않아도 되지만 그림을 담는 액자보다 비교할 수 없이 크며, 복잡한 대기 활동과 기후 체계하에서 생산에 들어간 기간만 하더라도 최소 몇 천 년에 걸쳐 만들어진 것들이다. 극지방의 얼음과 만년설 등은 몇십 년 만에 녹아 없어졌는데, 플라스틱이라는 물질은 그 몇십 년 만에 지구 곳곳에 널리 퍼졌다. 인류가 아직까지도 가보지 않은 지구 미지의 구역에도 이미 자리한 플라스틱과 같은 물질들이 생태계에 미치는 영향들은 아직 모두 파악조차 되지 않았다.

우리가 얼음과 눈 빙하를 그 자리에 다시 만들 수 있을까?
지구상 곳곳에 뿌려진 흔적을 모두 회수할 수 있을까?
이미 파괴된 동식물들과 생태계를 비슷하게라도 복귀시킬 수 있을까?

불확실한 것들 가운데 확실한 것은 회복하려는 우리의 노력이 더 늦을수록 이러한 물음에 성공적인 대답을 할 수 있는 가능성이 점점 더 낮아질 거라는 사실이다.

공공건강

환경 관련 직장 면접에서 '환경 문제에 있어 무엇이 가장 중요한가'라는 질문을 받았었다. 나의 답은 '공공건강(여러 사람들의 건강)'이었다. 환경은 아프다, 자연은 아프다, 나무는 아프다 등의 말이나 의미를 환경을 지키기 위해 사용하는 것을 내 기억에서 찾을 수 있었다. 환경은 아프지 않다. 아니, 환경이 우리 눈에 아파 보일 수 있지만 반드시 회복한다. 환경은 우리 눈에 아파 보이는 것 때문에 그 존재까지 위험해지지는 않지만 아픈 환경으로 인해 정말 아프고 존재가 위험하게 되는 것은 우리 인류이다. 죽음과 탄생, 쇠락과 풍요로움을 그저 해가 뜨고 지는 것처럼 하나의 사이클로 반복하는 환경은 아플 수 없다. 그저 호모사피엔스라는 하나의 종이 살아가야 하는 조건들이 안 좋아지면 환경이 아프다는 착각이 생기는 것이다.

환경이 크게 바뀌면 결국 우리 인류에게나 매우 곤란한 것이다. 지구가 매우 뜨거워져 산불이 자주 나거나, 숲이 사막화되거나, 물이 녹조로 뒤덮인다고 하자. 산불이 나야 싹을 틔우는 나무의 종류처럼, 사막에서 살아가는 사막 뱀, 사막여우 등의 동물들처럼, 녹조로 뒤덮여 산소가 없어지는 물속에서 살아가는 혐기성 생물들처럼, 환경은 큰 의미에서 변하는 것이지 아픈 것이 아니다. 산불이 나서 불을 견디지 못하고, 사막에서 뜨거운 온도에 물도 없이 살아갈 수 없으며, 녹조가 덮인 물을 사용하지 못하는 것은 우리 인류이다.

이 모든 사실을 종합해보면 지구의 입장에서 환경은 그저 변화해 가는 것일 뿐이다. 환경을 지켜야 하는 이유는 변화하는 환경에 우리가 적응하기 어렵기 때문이다. 우리가 지구를 더 뜨겁게 만들어 그 결과로 나오는 영향에 녹아버리는 지구 곳곳의 얼음처럼, 산성화된 바닷물에 점점 없어지는 산호처럼, 우리가 알지 못한 이유로 점점 줄어드는 꿀벌처럼, 변하는 환경은 우리가 점점 받아들이지 못하고 있다.

우리는 빙하기, 간빙기의 큰 지구의 사이클을 막아내는 것이 아니라, 그런 환경을 지켜야 하는 것이 아니라, 그저 우리가 스스로 만드는 환경의 급격한 변화를 없애야 하는 것뿐이다. 45억 년 지구의 환경 변화 중 우리는 지구시간으로 찰나의 순간에 매우 적합하여 번영을 이루고 있을 뿐이다. 그리고 우리는 슬프게도 우리에게 적합한(우리가 아무리 노력해도 지구 사이클에 의해 머무르지 않고 바뀌어버릴지도 모를) 그 찰나의 순간을 매우 빠른 속도로 우리에게서 밀어내고 있다. 마치 과자나 사탕과 같은 단맛에 빠져버린 어린아이가 야채와 과일 등을 먹지 않아 건강한 어른이 될 기회뿐만 아니라 영양 불균형으로 어른이 될 미래마저 잃어버리는, 생명의 위태로움을 재촉하는 것마냥 느껴진다.

환경불평등

산을 오르던 사람이 어둡고 추워져 마른 나뭇조각을 주워서는 불을 붙여 산을 오르기 시작한다. 손에 든 횃불로 쓰던 나무가 다 탈 때쯤이면 다른 나뭇가지를 구해 불을 옮겨 붙이고 쓰던 것은 그냥 아무렇게나 버린다. 그렇게 어느 정도 산을 올라 캠프에 다다른 그 사람은 캠프에서 휴식하고 아름다운 경치를 구경할 수 있었다. 그가 오른 위치의 경치에서 그는 자신이 지나온 산길에 뭉게뭉게 피어 오르는 불들을 발견할 수 있었다. 그리고 그와 마찬가지로 산에 오르는 길로 보이는 다른 곳들에는 현재 올라오는 사람들의 것으로 보이는 횃불들과 그들이 지나온 자리에 역시 쓰고 남은 횃불로 인해 붙은 것으로 보이는 불씨들이 산불로 자라고 있었다.

어느 정도 높이에 오른 그에게는 그 불들이 신경 쓰였다. 하지만 그에게는 현재 장작을 태우는 난로의 따뜻함과 캠프의 먹을 것을 포함한 생필품들의 여유로 인해 급할 이유가 없었다. 그래도 올라오는 사람들이 많아지면서 작은 산불이 곳곳에 많아지며 상황이 심해졌다. 연기가 짙어지는 것이 신경이 쓰인 그는 캠프의 마이크와 연결된 곳곳의 스피커를 통해 올라오는 사람들에게 횃불을 쓰지 말라고 했다. 하지만 돌아오는 것은 그처럼 캠프의 편의를 얻기 위해 그를 따라 횃불을 사용하며 산을 오르는 사람들의 변하지 않는 모습뿐이었다.

산불은 결국 걷잡을 수 없이 커지며 캠프에 있는 사람과 오르는 사람 모두를 집어 삼켜버린다. 쓰던 횃불을 버릴 때 대부분의 사람들은 땅을 파묻거나 물을 묻히는 등 뒤처리를 함으로 산불을 막을 수 있었지만, 그런 것은 모르기도 했고 중요하게 생각지도 않았으며, 뒤처리를 했다면 시간과 노력이 필요해 캠프에 오르는 것이 더 늦어졌을 것이다.

이 이야기에서 환경은 산이고 나무와 횃불은 우리가 가진 화석연료 자원을 사용하는 것으로 비교할 수 있다. 캠프에서 사용하는 많은 물품들과 편리한 장치들은 현재 선진국들의 기술과 기반시설들이며 그로 인해 이득을 얻는 것은 경제적 선진국들이다. 캠프의 사람들은 아래를 내려다보며 자신이 왔던 길을 볼 수가 있으며, 선진국들은 환경의 발자국을 볼 수가 있는 것이다. 결국 자신처럼 횃불을 사용해가며 올라오는 이에게 산불을 막기 위해 쓰지 말라고 하는 것은 강요하기 힘든 일이다. 선진국이 아닌 국가들은 산에 오르기 위한, 그리고 캠프에 올라 기술과 편리함을 누리기 위한 욕심이 있기 때문이다.

여러 국가들은 에너지를 손쉽게 사용함으로 선진국이 될 수 있는 발판을 만들 수 있었고 현재도 많은 힘을 에너지와 자원의 사용으로부터 얻는다. 하지만 그 사용의 부산물로 발생한 환경문제에 심각성을 느끼고 그것을 이유로 자원을 사용할 사다리를 제3국들에게 사용하지 않을 것을 종용하기도 한다.

현재 우리의 환경은 중요하다. 캠프에 있는 시설들을 누리기 위해 산을 오르는 사람들은 햇불을 사용하지 못하게 하면 피해를 본다. 뿐만 아니라 산 밑에서 아직 오르지 못했지만 산불로 인해 캠프까지의 길이 막힘은 물론 불의 위기까지 맞아야 하는 사람들도 있다. 캠프의 사람들처럼 자신들은 캠프의 시설과 자원을 쓰며 이들에게 자원을 쓰지 못하게 하는 것은 평등한 처사는 아니다. 캠프에서는 다른 대체재를 만들어 제대로 사용하기 전에는 캠프를 따뜻하게 해주는 난방 시스템을 당장 중단하지도 못한다. 캠프에 오른 이들이 버린 햇불 때문에 생긴 불 때문에 캠프에 아직 닿지 못한 이들은 매우 어려운 상황에 가장 먼저 처하기도 한다.

현재 세계에서 화석연료는 비교적 값이 저렴하고 쉽게 사용할 수 있는 주요한 자원이자 힘이며, 이것을 잘 사용하는 이들은 환경에서 오는 어려운 상황을 이 힘을 이용해 헤쳐간다. 화석연료에 저장된 고효율의 에너지를 사용하여 선진국 반열에 오른 이들은 냉방시설, 대피시설, 관개시설, 소화장비, 관로 시설, 제방 등으로 폭염, 더 강한 태풍, 가뭄, 산불, 폭우, 해수면 상승으로 인한 침수 등의 피해를 줄인다.

화석연료를 사용하지 못하는 반대의 사람들은 폭염이 와도 냉방

시설을 사용하지 못하고, 강해진 태풍에 피할 곳은 모자라며, 가뭄이 갑자기 심해져도 물을 대기 힘들고, 산불, 폭우 등의 피해는 두말 할 것 없고, 해수면 상승으로 인해 살아갈 땅을 잃고 나앉을 길바닥조차도 없어지는 피해를 입는다. 선진국이라고 해서 이런 피해를 입지 않는 것은 아니다. 단지 이런 변화에 대한 적응과 피해에 대한 대응의 정도가 달라지는 것이다. 평등하게 모두의 피해를 줄이기 위해서는 불필요한 자원과 에너지의 사용을 줄이며, 온실가스 배출을 감소시키는 방향으로의 현명한 소비를 하고, 환경영향을 최소화하는 발전된 기술과 시설로 환경 피해를 크게 입는 사람들에게 도움을 제공하는 것일 것이다.

인터넷 포털 기사 -
개인적인 것과 이기적인 것

나는 포털에 올라온 기사를 볼 때 개인적인 기준이 있다. 인터넷 포털의 기사는 제목만을 간결하게 올려놓고 클릭을 해야 자세한 내용을 알 수 있게 되어 있다. 그래서 첫 번째 기준은 자극적인 제목으로 올라온 기사를 잘 선택하지 않는 것이다. 기사의 소재가 되는 사건 자체가 자극적일 수 있다. 하지만 많은 경우 자극적이지 않은 사건을 자극적인 내용과 제목의 기사로 풀어나가는 것을 보았다. 정치 기사에서 그런 것을 많이 찾아볼 수 있는데, 내 정치적 성향과 관계없이 흑색선전 등 자극적인 제목의 정치 기사는 어느 쪽의 정치 성향이든 객관적인 판단을 힘들게 한다.

두 번째로 긍정적이거나, 밝은 내용의 기사를 우선 보려고 한다. 포털 기사의 대부분이 부정적인 내용의 기사이다. 내가 아는 심리학 원리는 없지만 아마도 부정적인 내용이면 사람들의 관심을 더 끄는가 보다. 큰 사고가 나서 누군가 크게 다쳤거나, 누군가 지탄받을 만한 일을 저질렀다거나 하는 것 등이 부정적인 내용이다. 긍정적인 내용은 어려운 처지에 놓인 사람이 누군가의 선행으로 인해 도움을 받았거나, 누가 봐도 어려운 계층에게 이득이 되는 일이 발생하는 내용 들이다.

세 번째로 기사에 대한 댓글들을 잘 보려고 하지 않고, 댓글을 보더라도 댓글이 높임말을 사용하는지, 높임말이 없더라도 너무 감정적인 글은 아닌지, 불특정 다수의 읽는 사람들에 대한 최소한의 예의를 본다. 인터넷의 댓글이라는 공간은 어느 정도의 익명성으로 인해 상대방에 대한 예의 등이 상당한 수준으로 생략된다. 자극적인 기사로 인해 감정이 격앙되고, 격앙된 감정은 불특정 다수가 볼 수 있는 공간에 날것에 가까운 감정 그대로 표현된다.

이런 나의 기준으로 기사를 보며 생긴 경험은 어두운 내용의 기사일수록 댓글의 긍정적인 내용이나 최소한의 예의는 찾아보기 힘들고, 흥미롭게도 밝은 내용의 기사일수록 댓글에서 찾을 수 있는 높임말, 예의가 많다는 것이다.

새만금에서 신재생에너지를 크게 사용한다는 기사에 화난 표정의 이모티콘이 잔뜩 붙어 인터넷 포털 메인에 올라온 걸 보았다. 기사 내용조차 부정적이며, 덮어놓고 비판만 하는 내용 위주라 탐탁지 않아 댓글을 보지는 않았지만 이 기사에서뿐만 아니라 정부가 주도하는 태양광에너지 사업에 대부분 반대하는 분위기가 강했다. 세계는 신재생에너지로의 전환이 이루어지고 있으나 우리나라의 분위기는 당장 입에 들어갈 먹고살 것만을 찾는 근시안적인 느낌이 강하다.

우리가 누리는 에너지, 자원이라는 많은 혜택 중 에너지는 아주 큰 부분을 차지하고 있는데 기후변화 대응에 있어 탄소배출을 감소시키는 방향으로의 전환이 매우 중요하다. '논, 밭을 태양광 시설로 바꾸면 식량생산이 줄어든다', '산에 설치하는 것은 나무를 없애게 된다'라는 말들은 사실이다. 그렇다고 에너지 사용을 줄이지도 못하고 오히려 계속 늘어만 가는 상황에서 지구온난화를 가속화시키는 현재를 방치하는 것은 매우 어리석은 선택이다. 지구온난화는 식량 생산과 나무의 생태에 영향을 미치는 데서 그치지 않고, 우리의 경제, 사회, 자연, 음식, 위생, 건강 등 우리의 생활 전반에 걸쳐 영향을 미치기 때문이다.

또한 적어도 우리나라에서의 식량 생산은 양이 모자란 문제를 해결하기 위해서가 아니라, 생산자의 이익을 위해 그리고 더 많이 생산하면 따라오는 낮은 가격으로 인한 소비자 이득에 있다. 세계적으로 보아도 내가 아는 최근까지는 식량 문제란 양이 충분하지 않기 때문이 아니라 배분이 되지 않기 때문에 발생한다.

미래에 '먹고살 것'에 있어 신재생에너지로의 전환이 너무나 중요한데도 아직도 많은 사람들이 그것을 제대로 보지 못하고 있는 것으로 보인다. 당장 무엇을 먹고 살지의 문제는 당연히 매우 중요한 문제이고 세계의 대부분 나라의 많은 사람들이 그렇게 살아가고 있다. 안타깝게도 특히 우리나라의 기조는 근시안적인 것에 많은 무게가 실려 왔다. 더 안타까운 것은 주머니에 들어올 것에 대해 생각하는 것은 쉽게 잘하는 반면 빠져나가는 것에는 그만큼의 주의와 관심을 갖지 못하고 있다는 것이다. 내 주머니에 뭔가 가득 차 있으면 그걸로 된 듯, 지구온난화로 인해 가진 것, 우리가 사용할 수 있는 것들이 없어지며 주머니에서 빠르게 빠져나가고 있는데도 우리들은 환경 등의 공공재의 현재 위기에 관심을 더 주지는 않는다.

신재생에너지는 기존의 화석연료에 비해 아직 저렴하지 않은 것은 사실이다. 그리고 이 사실은 화석연료에서 발생하는 온실가스 및 기후변화의 피해를 가격에 포함하지 않는 한 쉽게 바뀌지 않는다. 다른 말로 싸기 때문에 화석연료를 이용하며 싸지 않기 때문에 신재생에너지를 잘 사용하지 않는다는 것이다. 뻔히 보이는 기후변화로 인한 미래의 피해뿐만 아니라 이미 발생하고 있는 현재의 피해조차도 개인의 주머니와 당장 직접적인 상관이 없다면 화석연료 소비에 어려움을 느끼지 않는다.

우리나라에서는 보험을 들지 않는 경우가 드물다. 보험을 가입함으로 차후에 발생하는 피해를 현재 주머니에서 나가는 비용으로 대비하고 이득을 볼 수 있는 것을 알고 믿기 때문이다. 그런데 유독 환경문제에는 그렇지 못하다. 세계의 유능한 학자들이 IPCC를 통해 환경위기의 심각성과 인류 활동의 인과관계를 확인하고, 다른 많은 이들이 환경의 피해에 대해 책과 여러 매체를 이용해 얘기할 정도로 그 피해는 명료하지만 우리의 대다수는 보험을 들지 않는다.

개인주의와 이기주의가 있다. 그전에 우선 얘기할 것은 나는 사람의 심리에는 매우 능하지 못하다는 것이다. 그래도 환경이라는 주제로만 봤을 때 이기주의는 신재생에너지를 여러 가지 이유로 배척하고, 어떤 이들은 분노를 표현하는가 하면, 반대하고 있는 것으로 보인다. 적어도 개인주의라면 자신뿐만 아니라 다른 개인에 대한 인정과 안전을 위해 신재생에너지의 필요성을 인정하며 도입으로 인한 피해를 해결하려는 해결책을 생각하고 새만금과 같은 기사에서 우려를 표할지언정 분노를 표하지 않았을 것이다.

화석연료로 인한 현재의 온실가스 문제와 우리 생활의 에너지 사용의 현실을 이해한다면, 분노를 일으키는 내용으로 기사가 작성되었더라도 객관적인 시선으로 보고 자신들의 처지에 대한 안타까움과 우려를 표했을 것이다. 온실가스 문제와 우리의 에너지 사용에 대해 아직 무슨 얘기인지 잘 모르겠다면 온실가스 정도는 검색해보길 권한다. 온실가스는 지금도 증가하고 있고, 지금도 언급되고 있다.

환경과 법 -

Traditional Ways of Paying for Fires and Floods Aren't Cutting It

이 글 제목의 영어 부분은 내가 읽은 영어 기사 제목이다. '기존의 방법으로 홍수나 화재를 막을 수 없다' 정도의 뜻인데 이 기사를 읽고 화재의 피해액을 감당하지 못해 파산의 위기를 맞는 미국의 PG&E와 막대한 피해를 입히고도 기업의 존망과 기업이 파산할 시 입는 소비자의 불편함과 피해를 이유로 기업의 책임이 사회로 넘어오는 한국의 환경과 비교하게 되었다.

누구나 자유시장 경제체제에서 이익을 위해 자유로운 활동을 할 수 있다. 단, 이익창출을 위한 활동은 다른 이의 재산에 손해를 입히지 않는다는 기본 전제는 있다. 미국 캘리포니아의 최대 전력회사인 PG&E는 Tubbs fire, Camp fire 등 많은 산불의 원인으로 지목되며 2019년 피해자 손해보상액만 135억 달러(2022년 9월 기준 한화가치 약 19조 원)에 이르렀으며 파산 위기를 맞게 된다("Pacific Gas and Electric Company," 2022). 2022년 현재는 회사의 파산 구제 신청 등의 행위로 파산위기를 모면하며 운영을 하고 있다.

그보다 더 과거에는 에린 브로코비치라는 영화의 소재로도 쓰인 6가 크롬으로 인한 지하수 오염피해로 PG&E에 600여 명에게 3억 3300만 달러(2022년 9월 기준 한화가치 약 4500억 원)의 피해보상액이

청구되기도 했다(NBC, 2008). 한국에서는 가습기 살균제 피해로 확인된 사망자만 1500명이 넘고 더 많은 수의 사람들이 심각한 건강 피해를 입었다. 그리고 우리나라 정부에서 피해구제 분담금이라고 가습기 살균제 판매와 관련된 여러 기업들에게 매긴 금액의 총합은 1250억 원이다("가습기 살균제 사건," 2022).

PG&E의 경우와 가습기 살균제의 경우는 일어난 사건의 종류가 다르기 때문에 직접적인 비교가 적절하지 않을 수 있다. 하지만 그럼에도 피해 보상을 위해 책정되는 보상액의 차이를 보면 미국과 한국 기조의 차이를 볼 수 있다. 이 차이는 미국이 가진 법 중 징벌적 손해 배상과 한국의 전보적 손해배상의 차이에서 발생한다. 쉽게 말해 물질적으로 손해를 본 금액에 대해서만 보상을 하는 한국과 다르게 미국의 법은 물질적 피해에 더하여 정신적 충격을 보상해 주며 동시에 예방과 응징의 성격을 띠는 것이다.

그래서인지 법을 잘 모르는 나에게 우리나라의 판결들은 제대로 된 피해 금액조차도 제대로 보상해주지 못하는 느낌이다. 오히려 사기로 죄를 짓는 사람들이 감옥에 수감되기는 하지만 사기 금액이 클수록 그 기간 동안 억대를 넘는 연봉을 벌어들이는 느낌을 받고는 한다.

그리고 한국에서는 여러 가지 사건이 있었지만 당장 우리 집만 보더라도 지역 상수도관 공사로 인해 수돗물이 흙탕물이 되어 나오는 것에 대해 스마트폰 알람으로 언질이라도 오면 다행이고, 그렇지 않으면 샤워기에 달린 몇 달치 수명의 필터가 며칠 만에 새까맣게 더러워지는 것을 보며 내가 직접 모니터링을 해야 한다. 재정적 피해도 다 보상이 되지 않는 한국에서는 환경적으로 피해를 입히는 사건들에 대해서 당연히 더욱 보상이 되지 않으며 피해는 고스란히 불특정 다수가 안고 가게 된다. 눈에 보이지 않는 환경 문제에 관해서는 다른 국가들로 범위를 확장해도 더더욱 피해보상이 제대로 이루어지지 않는다.

다시 한국으로 눈을 돌려보면, 결국 한국은 사회자본의 피해가 소비자의 몫으로 넘어오게 되고 이는 모든 피해 결과를 각 개인이 져야 하는 것으로 귀결된다. 이로 인해 기업은 실수에 더욱 대담해지게 되고 개인 소비자는 차량 급발진과 같은 사건을 겪을 때 힘없는 개인과 덩치 큰 기업의 구도의 어려운 상황 아래 풀어가게 된다. 그리고 성장주도의 경제정책을 가질 때 기업들은 이러한 법을 등에 업고 피해의 대상을 구체화하기 어려운 환경 문제는 더더욱 악화일로로 치닫는다.

자원과 아나바다

우리 집은 접시가 많지 않아서 손님이 있을 때 종이접시를 종종 사용한다. 종이 접시는 창고형 대형마트에서 살 수 있는 일회용이다. 하지만 우리에게 항상 일회용은 아니다. 종이접시에 음식 얼룩이 잘 남지 않는 경우(물기가 없는 음식인 빵이나 과자 등)와 물기가 있더라도 씻어 얼룩이 쉽게 지워지는 경우에 우리는 잘 닦아서 재사용을 하기도 한다. 집에서 사용하는 사기나 유리 재질의 접시를 설거지해서 재사용하는 것처럼 종이접시를 닦아 말려 사용한다는 말이다. 일회용품이 모두 환경에 나쁜 것이 아니고 다회용품이 모두 환경에 좋은 것만도 아니다. 여기에는 몇 가지 이유가 있다.

첫 번째로 다회용을 어느 정도 이상 오래 사용하지 않는다면 환경영향이 일회용보다 더 커진다. 다회용은 일회용보다 더 튼튼하게 만들어 여러 번의 사용이 가능하게 만들어진다. 그래서 제조 과정에서 같은 개수라면 다회용 제품이 훨씬 더 많은 온실가스를 발생시킨다.

이 책의 본문에서도 이미 언급한 텀블러의 예가 있다. 이미 사용하는 텀블러가 있지만 사은품으로, 디자인이 더 마음에 들어서(예뻐서), 할인해서, 누군가 줘서 등의 여러 이유로 개인당 하나 이상의 텀블러를 쉽게 갖게 된다. 텀블러뿐만 아니라 환경에 영향을 덜 주려고 마음먹고 구매하고 몇 번 사용하지 않은 에코 백, 손 선풍기 외에 일회용보다 친환경적이라며 광고하는 여러 제품들을 가지고 있을 수 있다. 친환경 제품을 구매해서 환경에 도움이 되는 것이 아니라 무엇이든 친환경적으로 사용을 해야 하는 것이다.

두 번째로 비교가 되는 자료의 기준이다. 다회용 제품이 일회용보다 생산과정에서 더 많은 온실가스를 배출한다는 것은 거의 확실하다. 일반적으로 생산과정의 온실가스는 금속, 플라스틱, 종이 등의 원자재의 채취, 운반, 그리고 제품으로 가공하는 과정에서 발생하는 온실가스를 포함한다. 그렇다면 원자재를 채취하기 위한 인력이 원자재의 채굴을 위해 소비하는 자원과 에너지는 저마다 다를 수있는데 여기서 발생하는 온실가스는 제품 생산에 포함되었을까? 원자재를 채취하는 데 사용하는 도구들이 다른데 각 도구의 제조과정에서 발생한 온실가스는 포함되었는가?

다회용과 일회용 제품은 다양하지만 컵을 기준으로 했을 때 종이의 원료는 나무이고 나무를 자르는 데 필요한 일반 톱, 전기 톱 또는 중장비 등의 기기가 사용된다. 플라스틱은 온실가스의 주범인 화석연료의 생산과정에서 부산물처럼 나오는 물질이며, 텀블러의 주재료인 금속은 광산을 파서 채굴하는 과정에 중장비와 금속성 장비들이 많이 사용된다. 컵을 기준으로 보았을 때 플라스틱 컵은 이미 다른 목적으로 채취된 석유에서 얻기 때문에 나무를 자르거나 바위를 깨고 땅을 파는 에너지가 크게 필요한 작업은 적고, 금속보다 열에 의한 가공이 훨씬 쉽기 때문에 비교적 가장 적은 온실가스를 발생시킬 것으로 보인다.

세 번째는 비교하는 자료의 관점이다. 생산과정 이외의 다른 과정에서의 환경영향이 고려가 되었는지 알 수 있는가? 다회용은 사용 후 세척을 한다. 재사용을 위해 물, 세제, 식기 세척기가 사용된다면 작동에 소모되는 전기, 그리고 입구가 작은 텀블러의 경우는 병 안을 닦는 솔(솔은 플라스틱 재질로 된 경우가 대부분)의 생산에서 온실가스가 발생된다. 그리고 수명 후 폐기 과정에서 종이, 플라스틱, 금속에서 발생하는 환경적 영향은 고려되었는가?

사람들의 훌륭한 분리수거를 빠져나간 재활용이 되지 않은 플라스틱의 경우, 잘 썩지 않는 성질로 인한 생태계의 피해는 매우 잘 알려져 있다. 종이의 경우는 특수한 처리를 제외하면 종이 자체는 썩어 흙으로 돌아가는데 분해 과정의 미생물에 의해 발생 가능한 온실가스는 어떻게 되는가? 금속의 경우 산화와 풍화에 의해 분해되는데 매우 오랜 시간이 필요하다. 이런 금속의 환경영향은? 사용 과정과 폐기 과정에서 발생하는 이런 영향이 모두 우리에게 보여지는 수치에 포함이 되었는지 명확하게 한눈에 알기란 어렵다.

정도의 차이는 있겠지만 에너지나 자원의 사용은 물리 법칙(엔트로피)에 의해 사용이 증가할수록 사용할 수 없는 비가용 에너지가 증가하며, 비가용 에너지 증가는 현재 우리의 환경에서는 불리한 쪽으로 작용한다. 어떤 물건을 사용하는 것이 환경에 더 도움이 되는지 고민하는 것은 당연히 도움이 될 수 있다. 하지만 그것보다 환경에 더 도움이 되는 것은 인류의 영위를 위해 아껴 쓰고, 나눠 쓰고, 바꿔 쓰고, 다시 쓰는 활동을 하는 것이다. 우리 생활의 편리함을 위해 사용하는 전체 물품의 수를 늘리는 동시에 에너지와 자원의 감소를 이루는 매우 힘든 길이 아니라, 사용하는 전체 물품의 수를 늘리지 않으며 에너지와 자원 소비의 감소를 이루는 환경을 위한 쉬운 길이 있다는 것이다.

정비복을 입어야 할 때

사회나 국가가 정비되지 않은 모습은 주로 어느 지역이 지진, 홍수, 태풍 등의 큰 피해를 입고 회복을 시작할 때 자주 보인다. 이 시기에 전쟁 같은 피해를 입은 국가가 피해로부터 회복을 할 때 사람들은 정비에 필요한 작업복 등의 옷을 입는다. 그리고 무너지고 피해 입은 집, 사회기반 시설들을 보수해 나간다. 이 기간 동안 일상생활은 혼란스럽고 과정은 일상적이지 않기 때문에 많은 경우에 일반적인 규칙이나 시스템이 적용되지 않을 수 있다. 지켜야 할 신호등이 작동하지 않으며, 피해의 잔해 쓰레기는 한곳에 쌓여 있거나 정해진 곳 없이 널려 있을 수 있고, 수도 시설 등이 피해를 입어 화장실이 아닌 야외에서 용변을 해결할 수도 있다. 일상적이지 않은, 혼란스러울 수 있는 생활의 모습들은 일시적으로 용인되며 필요한 기반시설의 복구가 마무리될 때까지 지속될 것이다.

우리의 환경은 현재 매우 혼란스러운 시기를 지나고 있다. 우리의 모든 사회와 생활 면모를 지배하는 환경이 혼란스럽다면 우리는 정비복을 입고 환경을 회복시키기 위해 나서야 한다. 그리고 생존에 영향을 미치지 않는 선에서 환경 피해를 가중시키는 행위들을 중단해야 한다. 그렇지 않고 살아가는 우리는 스스로 지진을, 홍수를, 태풍을 발생시키는 꼴이 되며, 이것은 마치 전쟁을 지속하면서도 스스로에게 포탄을 계속 떨어뜨리며 자멸하는 우스운 모습일 수밖에 없기 때문이다.

　현재 우리의 더 나은 세상이나 더 편한 생활은 더 좋은 차, 더 좋은 가전기기를 사용하여 얻는 삶이 되어서는 안 된다. 더 좋은 차와 더 좋은 기계는 아무리 친환경적이고 아주 높은 효율을 자랑한다고 해도 화석연료 의존도가 높은 현재 체제에서는 환경피해를 더 가중시킬 뿐이다.

　더 나은 세상은 환경문제라는 짙은 안개에 가려 보이지 않는 모습과 같다. 환경으로 인한 피해와 문제들을 우선 걷어내지 못한다면 안개 너머의 더 나은 세상을 가진 것 같은 착각 속에 실제로는 나아갈 수 있는지조차 모르는 꿈의 이상향이 될 뿐이다.

우리는 환경으로 인해 지금까지의 인류 역사상 그 어떤 역병이나 전쟁과도 비교할 수 없는 위기를 맞고 있다. 그러니 우리의 가족을 위해, 이웃을 위해, 우리 자신을 위해, 그리고 환경 피해로 가장 먼저 피해를 입는 모르는 어느 사람들을 위해 지금 당장 무엇이라도 하고 있어야 한다고 글을 통해 말하고 싶었다. 살아가다가 어느 순간 그렇게 마음을 다시 먹고 책을 통해 사람들에게 그렇게 이야기하고 싶은 시기는 2020년이었지만 생각보다 늦어지기도 했다.

내 책은 내가 원하는 것보다 늦었지만 우리의 결심과 행동은 늦지 않기를 바랄 뿐이다. 책을 통해 화석연료를 위시한 자본주의와 물질주의들이 우리 환경위기의 문제인 것처럼 언급되기도 했다. 화석연료를 주범으로 내세울 필요가 없다. 사실 그것보다는 그것으로부터의 편안함을 뿌리치지 못하는 내 자신과 우리들의 마음에 근본적인 원인이 있다고 본다. 칼로 음식을 만들어 배고픈 사람들에게 도움이 될지 사람을 해할지는 칼을 든 사람에 의해 결정되는 것이지 칼을 탓할 수 없는 것처럼 말이다.

그래서 환경에 대한 내 절망적인 분위기와는 다르게 우리는 아직도 희망이 있다고 봐야 맞을 것 같다. 모든 것은 마음먹기에 달렸다는 말이 있지 않나. 화석연료를 더 사용함으로 우리가 환경 위기에 더 가까워지는 것은 부인할 수 없는 사실이다. 그리고 그 화석연료를 비롯한 에너지로 우리가 무엇을 할지 우리가 결정한다는 것도 사실이다. 그렇기에 우리가 마음만 굳게 잘 먹고 행동해 나간다면 인류가 이 위기를 반드시 극복할 수 있을 거라고 본다.

| 참고자료 |

- 가습기 살균제 사건. (2022. 5. 15). 위키백과. https://ko.wikipedia.org/wiki/%E
  A%B0%80%EC%8A%B5%EA%B8%B0_%EC%82%B4%EA%B7%A0%EC%A0
  %9C_%EC%82%AC%EA%B1%B4

- 기상청. (2022). 종관기상관측(ASOS). 국가기후데이터센터. https://data.kma.
  go.kr/data/grnd/selectAsosRltmList.do?pgmNo=36

- 사피엔스 스튜디오. (2022. 3. 19). 이정모 국립과천과학관 관장 | 공룡 멸종을
  비롯한 대멸종을 관통하는 공식이 있다?! 인류를 덮칠 소행성 충돌급 위기는?
  [어쩌다어른D]. 유튜브. https://www.youtube.com/watch?v=_BZnZOJGXtw&li
  st=PLaxVEOsk7rV95obCapPd__gkctkaXKA63&index=1&t=552s

- 에너데이터. (2022). 세계 에너지 및 기후통계. https://yearbook.enerdata.
  co.kr/total-energy/world-consumption-statistics.html

- 한국교통연구원. (2014). 2014년 국가교통조사 및 DB구축사업 교통수단 이용실
  태조사 연구. 국토교통부.

- 한국에너지공단. (2021a). 2020년도 에너지사용량 통계(에너지사용량신고업
  체). 한국에너지공단.

- 한국에너지공단. (2021b). 2021 에너지통계 핸드북. 한국에너지공단.

- 한국전력공사. (2021. 11). 전력통계월보 517호. 한국전력공사. https://home.
  kepco.co.kr/kepco/cmmn/documentViewer.po?fn=BBS_2022011402580442
  90&rs=/kepco/synap/doc

- 한전경영연구원. (2021.02.04). 재생에너지, 2025년 세계 에너지발전량 중 3
  분의 1차지_210203. https://home.kepco.co.kr/kepco/KR/ntcob/ntcobView.
  do?pageIndex=1&boardSeq=21050270&boardCd=BRD_000516&menu
  Cd=FN3113#:~:text=3%EC%9D%BC%20%ED%95%9C%EC%A0%84%E

A%B2%BD%EC%98%81%EC%97%B0%EA%B5%AC%EC%9B%90,(P)%20
%EC%A6%9D%EA%B0%80%ED%95%9C%20%EB%B0%94%20
%EC%9E%88%EB%8B%A4

- 환경부. (2021). 국가생물다양성 통계자료집 2020. 국가생물다양성센터.

- Hope Jahren. (2020). The story of more. Vintage Books.

- Le Quéré C, Andrew RM, Friedlingstein P, et al. (2018). Global carbon budget 2017. Earth Syst Sci Data, 10(1), 405–448. https://doi.org/10.5194/essd-10-405-2018

- NBC. (2008. Apr. 7). $20 million settlement in 'Brockovich' case. NBC. https://www.nbcnews.com/id/wbna23982252

- Our World in Data. (2022). Energy mix. https://ourworldindata.org/energy-mix

- Pacific Gas and Electric Company. (2022, September 23). In Wikipedia. https://en.wikipedia.org/wiki/Pacific_Gas_and_Electric_Company#2019_bankruptcy

- United Nations. (2018. May. 16). Department of Economic and Social Affairs. https://www.un.org/development/desa/publications/2018-revision-of-world-urbanization-prospects.html#:~:text=Today%2C%2055%25%20of%20the%20world's,increase%20to%2068%25%20by%202050

- Zanna, L., Khatiwala, S., Gregory, J. M., Ison, J., and Heimbach, P. (2019). Global reconstruction of historical ocean heat storage and transport, PNAS, 116 (4), 1126–1131. https://doi.org/10.1073/pnas.1808838115

우리의 환경 딜레마

초판 1쇄 인쇄 2022년 12월 06일
초판 1쇄 발행 2022년 12월 16일
지은이 정진우

펴낸이 김양수
책임편집 이정은
편집디자인 안은숙
교정교열 채정화

펴낸곳 도서출판 맑은샘
출판등록 제2012-000035
주소 경기도 고양시 일산서구 중앙로 1456(주엽동) 서현프라자 604호
전화 031) 906-5006
팩스 031) 906-5079
홈페이지 www.booksam.kr
블로그 http://blog.naver.com/okbook1234
포스트 http://naver.me/GOjsbqes
이메일 okbook1234@naver.com

ISBN 979-11-5778-577-3 (03300)